JN410121

고앵자 수필집

가설무대에서 얻은 아름다운 자유

교음사

저자 고앵자

· 제주출생
· 전남여고 졸업
· 이화여자대학교 약학대학 졸업
· 제주여고 · 제주사범학교 교사
· 제주도 약사회 회장
· 대한적십자사 대의원 총회 대의원
· 이화여대 제주동창회 회장
· 제주도의회 의원
· 의녀 김만덕기념사업회 공동대표
· 『수필문학』으로 문단 등단
· 한국문인협회 회원
· 한국수필문학가협회 이사
· 제주여류수필문학회 회장
· 제주문인협회 회원
· '동인 脈' 회원
· 대한약사회 금장상 수상

가설무대에서 얻은
아름다운 자유

책 머리에

좋은 글을 쓰기 위한 기도

어릴 때 제주도에서는 유일한 기독교 교회 부설 유치원에 다녔다.

노래를 잘 부르던 유치원 선생님은 낭랑한 목소리에 선율을 붙여 기도를 했다. 그 기도는 호소력이 있었던 것으로 기억한다.

집안에 우환이나 가화가 있을 때 어머니는 동쪽으로 돌아 앉아 기도를 하셨다. 옷깃을 여미고 눈을 지그시 감고 기도하시는 어머니의 모습은 겸허하고 간절함으로 쉽게 다가갈 수 없는 위엄이 있었다.

어머니는 불교신자여서 공력과 정성을 다했지만 바쁜 탓인지 절에 자주 가시지는 않았다.

초등학교에 입학하고 언제부턴가, 시험이 있는 날은 등교할 때 어머니께 "오늘 시험 날 이예요, 기도해 주세요."라고 하면서 집을 나선다.

어머니는 자상하고 인자하신 분이셨다. 그날도 아름다운 미소를 띠며 고개를 끄덕이고 서 계셨다. 어머니의 기도는 중학교 때까지 이어졌고, 광주에서 고등학교 다닐 때는 "내일부터 시험인데…." 하고 전화를 했다.

어머니의 과보호 아래 자라서 나약한 아이라고 할지 모르지만 좋은 일을 하셨던 어머니의 기도에는 부처님의 가피가 있을 것이라는 생각이 들었고, 당신의 기도는 늘 나에게 자신감을 갖게 했다.

대물림일까. 어머니가 돌아가신 후 나는 매일 같이 하루를 기도로 시작했다. 어머니와의 영적 대화를 하는 시간이기도 하다.

인간적인 체취가 느껴지는 글을 쓰고 싶다. 잔잔한 감동과 여운이 남겨주는 좋은 수필을 쓰고 싶다. 하지만 한 줄의 글을 쓰는 것은 뼈를 깎는 아픔 그대로 외롭고 힘들고 가슴이 아리다. 펜을 놓고 싶을 때가 있다.

어머니! "좋은 글을 쓸 수 있게 기도해 주세요."라고 말하고 싶다.

이 책이 나오기까지 도움을 주신 많은 분들께 고마움을 전한다.

2008년 3월

저자 고앵자

1 커피 스케치

2 칵테일 핑크레이디

3 오월의 향

4 대신 울어준 아내의 눈물

5 가설무대에서 얻은 아름다운 자유

1

커피 스케치

커피 스케치

"찻집에서 커피 아닌 차를 찾는 친구하고는 젊음의 고민을 토정(吐情)하며 밤샘을 할 수가 없었다."

어릴 때 아버지께서 즐겨 마시는 커피 향이 좋아 아버지께 졸라 반잔도 채 안 되는 커피를 마셔 본 적이 있었다.

맛과 향이 입안을 자극하더니 여태 느껴보지 못한 기운이 온몸에 퍼지며 쾌감을 주는 것이다. 어른이 되면 꼭 마시리라 마음먹었었다.

고등학교 때 과학전시회에 출품한 작품이 입선되던 날 친구들과 한데 어울려 진한 커피를 마셨다. 금지된 노상매식이어설까, 짜릿한 스릴이 있었고 희망 어린 미래를 예기(豫期)하며 미지의 세계 문턱에 다가선 우리가 당당하게 보였다.

대학에서는 커피가 젊음을 빛내주는 용매제였고 십년지기였다.

찻집에서 커피 아닌 차를 찾는 친구하고는 젊음의 고민을 토정(吐情)하며 밤샘을 할 수가 없었다.

커피는 때와 장소를 가려 준다. 하루를 시작하는 아침커피는 살아있는 기쁨과 활력을 주며, 낮 커피는 심신의 고단함을 덜어 주고 일에 대한 보람으로 희열과 성취감이 있었다. 일과를 마치고 친구와 마시는 커피는 술의 취기가 아닌, 깨어 있는 도취가 따랐고 그럴 때는 품위 있는 방향과 풍미, 심오한 색깔의 커피를 온몸에 뒤집어쓰고 싶어진다.

거리에서 만난 젊은이에게 선망과 시샘이 엇갈리는 나이가 되더니 커피의 쓴맛이 진하게만 느껴져 설탕을 넣으며 조금은 쓸쓸했다.

언제부턴가 중추신경이 커피를 거부하자 심장 고동이 부담이 되어 잠을 설치는 날이 늘었고, 그런 날은 누구와 경쟁하다 패한 것처럼 심신이 소진되어버린 느낌이었다.

커피색을 다갈색, 시색(柹色)이라고 하여 가을색이라고들 하겠지만 계절에 상관없이 난색과 한색의 어떤 빛깔에도 알맞게 어울린다.

품격이 있는 동서양 도안의 찻잔이나 한낱 범속한 모양새 그릇에도 조화미가 출중하다면 지나친 찬사일까.

누가 커피를 첫사랑 맛이라 했다. 달콤한 맛이 혀끝을 지나 설근으로 스며들 때 떫은 듯 쓴맛 여운이 오래 남아서일까, 감성의 상승으로 시인을 만드는 작용이 있어서일까, 가까이 할수록 그리워지며 자주 만나고 싶고 만나지 않으면 못 견디게 하는 로맨틱한 음료이다.

커피의 주성분인 카페인을 다소(茶素), 다정(茶精)이라고 불린 것을 보면 차의 근본이고 그 이상 분해할 수 없으며 원소처럼 순수한 차라는 뜻인 듯싶다. 차 중 으뜸으로 쳐야 한다.

하루에 겨우 한두 잔으로 만족해야 하는 요즘, 커피가 그리워지면 뜨거운 커피를 한 모금 머금고 음미하며 느긋이 마음으로 마신다. 남아 있는 커피는 향이 사라질 때까지 곁에 두고 한 잔을 마신 듯 기를 돋우고 있다.

맛과 향은 가슴에 담고 빛깔은 마음눈 속에 각인해 두고 싶다.

커피의 향낭(香囊)을 거실에 걸어 두어야겠다.

이름에 대한 유감(有感)

"이름은 곧 그 사람이 아닌가. 이름을 사랑한다는 것은 내 자신을 사랑함이다."

나는 어릴 적부터 이름 때문에 크고 작은 감정의 굴곡을 건너왔다.

내 이름은 큰아버님이 지어주셨다고 한다. 첫 애를 실패한 동생부부가 딸을 순산했다는 전보를 받던 날 아침부터 길 건너 풍치목 가지가 휘어지도록 눈이 내려 하늘과 땅이 눈으로 덮인 설경이 장관이었다고 한다. 깊은 밤, 눈에 이끌려 눈길을 거닐고 있는데 꾀꼬리 소리가 들리자 길조의 축하구나 싶어, 꾀꼬리 '앵(鶯)' 자와 아들 '자(子)'로 이름을 지었다는 것이다.

일제 말엽 창씨(創氏)개명의 바람이 거세었을 때 개명 신고하던 날 부모님의 얼굴이 어두웠던 것으로 기억된다. 성(姓)이란 한 혈통을 잇는 것이고 한 겨레붙이임을 말해주는 민족의 대명

사나 다를 바 없는데, 성을 바꾸게 됐으니 조상에 대한 면목이 없었을 것이다.

내 이름을 일본식 훈(訓)으로 읽으면 우구이스(うぐいす)고(こ) 다섯 자가 되고, 음(音)으로는 우(う)시(し), 소(牛)와 같은 발음이 되어 이름까지 개명하지 않으면 안 되었다. 그때 어린 마음에도 남의 이름표를 달고 다니는 느낌이어서 기분이 개운치 않았다. 일본의 패전은 해방의 기쁨도 컸지만 내 이름을 찾게 된 것이 더욱 기뻤다.

중학교에 진학한 후 이름 끝 자가 자(子)로 쓰는 것이 일본식이란 것을 알게 되어 한동안 내 이름이 싫어졌다. 아버지께 자(子)만이라도 바꾸어 달라고 여러 번 부탁 드렸으나 못 들은 척 하시다가 어느 날 근엄한 표정으로 부르더니 자전에서 이름자를 찾아 한자를 깨우쳐 주듯 친히 종이에 쓰시면서 설명해주셨다.

자(子)는 자식 자, 당신 자, 임자 자(부부 호칭)라 하며 남자에게는 미칭, 경칭으로 쓰고 귀족의 오등작(五等爵)에는 자작(子爵)이 있고, 십이지(十二支)의 첫째 간지도 자(子)이며, 더욱이 중국 춘추전국시대의 제자백가(諸子百家)의 학파, 공자, 노자, 관자, 맹자 등 자(子)로 써서 존경의 뜻으로 표현한 것이라고 말씀하셨다.

일본에서는 여자 이름으로 쓰이나 식물의 종자, 곧 열매를 만들어 낸다는 뜻이며 부모 사이에 태어난 자식을 뜻하고 있으니 훌륭하고 고매한 글자라는 것이다. "너는 탄생조(誕生鳥)가 있어 좋겠구나."라는 말씀으로 이름에 대해 확실하게 매듭을 지으셨다.

한자에는 보통 뜻이 두어 가지가 되는데 '앵(鶯)'자는 꾀꼬리라는 뜻 하나여서 그것도 못마땅했고 새는 연약해서 건드리면 죽을 것만 같아 어쩐지 불안했던 것이다. 더구나 통성명 할 때 열의 아홉 사람은 명함을 주어도 '앵(鶯)'자를 모르니….

그러던 차에 대학 일학년 때. 명동에서 만난 친구 오빠가 반가워하며 큰 소리로 '나이팅게일' 하고 부르는 것이었다. 그는 영어통역관이었고 몇 개 외국어를 유창하게 구사하며 서구적인 매너와 화술이 돋보이는 멋진 남자였다. 꾀꼬리를 외국어로 부르니 세련되고 분위기 있어 보였다. 그 후 친구들은 카드나 편지에 나이팅게일이라고 불러주었다. 그때부터였던가. 내 이름을 좋아하는 사람들이 늘어났고 나도 내 이름이 좋아지기 시작했다. 덩달아 꾀꼬리에 대한 사랑스러운 마음이 일었다.

꾀꼬리는 몸길이가 한 뼘이 채 안 되는 새다. 날개 길이는 몸길이 반이 넘어 날씬하다. 몸빛은 샛노랗고, 검은 띠가 부리부터 눈 끝에 걸쳐 둘러 있으며, 등은 붉은 회색, 배는 누런 회색, 허리와 꼬리는 어두운 적갈색이다.

이 색들이 화폭에 채색이 되면 품위 있는 그림이 될 것이다. 샛노랑에 연두색의 엷은 사(紗)를 살짝 덮은 듯한 밝은 올리브색을 꾀꼬리 색이라 하여 일본인들이 좋아한다. 색뿐 아니라 아름다운 연미복을 입은 듯 날씬한 몸맵시는 금의공자(金衣公子), 황금조(黃金鳥)라 부르기도 하여 다른 새와는 격이 다르다.

물 흐르는 듯한 목청으로 노래를 부르는 꾀꼬리는 조용한 밤

중의 울음소리가 두드러지게 맑다. 울기 시작할 때 여리게 떨리는 듯한 소리는 릴릭(lyric)소프라노 노래라 해야 맞을 것이다.

예로부터 꾀꼬리는 시문에 많이 쓰였고 유럽에서는 문학에 자주 그 이름이 나온다. 영국 낭만주의 시인 키츠의 「나이팅게일에게」라는 시는 유명하다. 「꾀꼬리」라는 차이코프스키의 곡은 아름다운 선율로 알려져 있다. 세계적십자 정신의 근간이 되었던 병원의료제도의 개혁자 프로렌스 나이팅게일은 세계적인 여성이다. 그를 기리는 '나이팅게일 기장상'이 또한 유명하다.

우리말에는 '앵(鶯)'자가 들어 있는 단어가 많다. 아름다운 꾀꼬리 울음을 이르는 앵설(鶯舌), 앵성(鶯聲), 앵어(鶯語), 앵제(鶯啼)가 있고 진사시험에 합격했을 때 입는 연두색 예복을 앵삼(鶯衫)이라 하며, 꾀꼬리의 아름다운 깃털을 말하는 앵의(鶯衣), 과거에 급제하거나 승전 하여 다른 곳으로 옮기는 것을 앵천(鶯遷)이라고 한다. 모두가 빛나는 영예를 나타내고 있다.

약주를 하시면 큰 소리로 고시를 읊고 한학에 조예가 깊었으며 신학을 공부했던 큰아버님은 호쾌한 성품이었고 낭만적인 면도 있으셨던 것 같다.

백설이 분분한 이른 봄 꾀꼬리 울음소리에 정조(情調)가 흔들렸던 것일까. 새의 이름으로 작명해 주시다니….

자기 이름을 만족해하는 사람이 얼마나 될까. 나는 내 이름과 똑 같은 이름을 본 적도 없고 들은 적도 없다. 하기야 개성을 존중하는 시대니 어울리는 이름일지도 모른다.

내 목소리가 늙지 않았다는 말을 자주 듣는다. 목소리는 어머니 품에 안긴 갓난아이 때부터 어머니 목소리를 기억하고 흉내 낸다는데 돌아가실 때까지 고운 음성이었던 어머니를 닮은 것일까. 이름으로 운명을 판단도 하니 꾀꼬리의 아름다운 목청 덕일까.

한자로 내 이름은 윗 글자는 무겁고 밑 글자는 가벼워 균형미가 없어 보인다는 것이 흠이랄 수 있다. 하지만 한글로 쓰니 편하고 안정감이 느껴진다. 어느 때부턴가 나는 이름을 한글로 쓰기로 했다. 나이가 들면서 발음할 때 악센트가 저절로 붙어 음조가 튀는 것 같지만, 이름을 아끼고 사랑하면서 살아가기로 마음먹는다.

이름은 곧 그 사람이 아닌가. 이름을 사랑한다는 것은 내 자신을 사랑함이다. 올 여름에는 윤기 흐르는 꾀꼬리 빛깔의 아름다운 원피스를 입어야겠다.

여자는 추상을 읊으며 나이를 먹는다

"지난날을 회상하는 그가 행복해 보였다. 그 사진은 남편에 대한 추억의 소재이면서 남편이 남기고 간 사랑의 증표였다."

새벽녘에 내린 비는 초록 비였는지 앞마당에 있는 꽃나무와 잔디가 유난히 푸르고 싱싱했다. 물방울이 햇빛을 머금어 온 누리가 무지갯빛으로 가득한 초여름 아침이었다. 이렇듯 찬란한 날 어머니는 여든네 살 되시는 해에 무지개다리를 건너가셨다.

어머니 친구 분이 "새벽에 한 주제(비나 바람이 한 번 몰아 지나감을 말함) 비가 오더니 착한 아시(동생)가 세상을 깨끗이 하고 떠났구나." 하며 위로하는 말이 주위를 슬프게 했다.

어머니는 아버지보다 20년을 더 자식과 함께 했다. 아버지가 돌아가신 후 일 년 동안 삭제(朔祭)는 했지만 상식(上食)은 하지 않았다. 아버지가 좋아하시던 음식을 가끔 제단에 올렸으나 커피는 하루도 거르는 일이 없었다. 생전에 아버지와 했던 것처럼 커피 잔을 사이에 두고 나지막한 목소리로 얘기하며 교감을 하는 것 같았다.

그 후 어머니는 메아리 없는 아버지와의 대화를 돌아가실 때까지 이어 가셨다. 70을 넘어서면서 얘기는 짧아졌지만 넋두리 같은 것은 하지 않았다.

"이번 태풍은 사라호보다 약했어요." "나는 당신보다 15년이나 더 살고 있네요."

짧은 말 중에 아버지와 같이 지냈던 과거와 현재를 넘나드는 것을 즐기는 듯한 어머니 얼굴은 따뜻하고 정겨운 기운이 있었다.

어릴 때 나는 어머니 장롱에 있넌 서류함에서, 사입차 일본에 갔을 때 어머니께 보내 온 아버지 편지를 본 적이 있었다. 내용은 자세히 이해할 수 없었지만, 일본어로 쓴 사업 관계 편지는 끝맺음이 '바라나이다'로 끝내는 높임말로 문어체(일본고어, 候文)로 쓴 글이었고 또 한 통의 편지는 존대어로 쓴 예의 갖춘 우리말 편지였다. 절실한 부부애가 담긴 글이었던 것으로 기억한다.

그 편지를 중요한 서류함에 간직한 것으로 보아 어머니에게 깊은 감동을 주었던 편지가 아닌가 싶었다.

그 후 아버지의 유품이 되어버린 편지를 가끔 꺼내 보시는 어머니는 깊은 추억에 잠겨 있는 듯해 선뜻 다가설 수가 없었다.

친구 J는 불치병이었던 남편을 7년간 같이 투병하다 먼저 떠나보냈다. 진력이 날 정도로 힘든 뒷바라지를 한 그였지만 남편과의 좋은 추억만을 간직하고 있었다. 문갑 위에 있는 남편의 사진은 자기가 가장 좋아했던 젊었을 때의 사진이라 했다. 그의 딸이 어머니 나이에 비해 너무 젊은 사진이라며 놀려댔지만 젊음과 늙음이 무슨 상관이 있느냐며 통쾌하게 소리 내어 웃었다.

지난날을 회상하는 그가 행복해 보였다. 그 사진은 남편에 대한 추억의 소재이면서 남편이 남기고 간 사랑의 증표였다.

여자는 현실적이 아닌 것을 상상하고 뜬생각만을 하는 공상가도 아니며, 실현성이 없는 꿈같은 일을 바라보며 헤매는 몽상도 하지 않는다. 가슴속에 각인되어 있는 것을 이따금 꺼내 보며 드라마틱한 감흥을 얻는다.

여자는 추상을 읊으며 아름답게 나이를 먹는다.

해조음이 들리는 산책길

"용암으로 쌓아올린 무채색의 돌담을 배경으로 서 있는 칸나는 담벽에 조각된 것처럼 서로 잘 어울린다."

용연 산책길을 가기 위해 집을 나섰다.

해넘이 하늘에 그린 듯 아름다운 채운(彩雲)을 보는 즐거움이 있었고, 심신의 수련장이기도 한 해안도로를 10여 년 간 걸었다.

언제부터인가 교통량 증가로 경주하듯 달리는 차가 두려웠고 완전 연소가 안 된 배기가스 냄새, 달구어진 엔진의 열기가 역겨워졌다.

해안도로 서쪽 하늘은 수평선 반 뼘 높이에 걸려 있는 석양이 오늘 따라 수려한 붉은 빛이 아닌가. 붉은 빛 바다에 잠기는 해와 꽃구름을 등지고 용연으로 돌아서는 발길이 가볍지 않다.

부속중학교 돌담을 끼고 서 있는 붉은 칸나가 석양빛처럼 화려하다. 용암으로 쌓아올린 무채색의 돌담을 배경으로 서있는 칸나는 담벽에 조각된 것처럼 서로 잘 어울린다. 여름부터 가을까지 피는 칸나는 하루가 다르게 저희들끼리 경쟁하듯 쑥쑥 자라 사람 키보다 커진다. 잎은 길둥글하고 난초의 잎과 비슷하며 붉다 하여 홍초 또는 난초라는 이름도 있다.

300여 미터나 넘는 이 길을 나는 '홍초의 길'이라 부르기로 했다. 예부터 집 마당이나 초가집 울타리에서 손쉽게 볼 수 있어 서민들에게 사랑을 받아 왔다.

요즘처럼 재배 방법이 다양해 일 년 내내 볼 수 있는 고급스런 꽃은 아니지만 칸나는 흐린 날씨에도 화색이 도는 윤택한 꽃이다. 홍초의 길 건너편 민가 담벼락 아래 붉은 분꽃이 향기를 내뿜고 있었다. 짙고 화려한 향은 아니지만 시골길에 어울리는 부드럽고 소박한 향기이다. 나팔꽃 닮은 작은 분꽃은 꽃 끝이 다섯 갈래로 얇게 째진 것이 만지면 녹아버릴 것 같이 부드럽고, 어미 새가 물고 있는 모이를 받아먹으려고 서로 주둥이를 내미는 듯 한 모양새가 귀엽고도 애잔하다. 해질 무렵부터 아침까지 피어 있다가 한낮에는 꽃 끝을 힘껏 닫아 버린다. 강한 태양 빛에서 보호하려는 것일까.

칸나와 분꽃은 여름꽃답게 강인한 생명력이 있다. 겨울에는 줄기까지 말라버린 것처럼 보이나 다음 해 새 순이 돋아나 우리에게 즐거움을 준다.

용연 산책길은 친구와 나란히 걷기에는 좁은 길폭이었다. 길 양쪽에 늘어선 고목들이 하늘을 덮고 있었다. 소금기 없는 공기가 오관을 상쾌하게 한다.

산책길에는 바닷가에 나는 겨울 꽃 털머위가 노란 꽃을 피우기 위해 심장 모양의 잎이 여기저기 널브러져 있었다. 진달래나 철쭉이 군데군데 심어져 있었고, 윗길로 돌아가면 가시나무라고도 하는 찔레꽃이 양쪽으로 서 있었는데, 하얀 꽃은 시들기 시작했고, 둥글둥글한 파란 열매가 가지마다 소복하게 얹혀 있었다. 그 열매는 겨울까지 탐스러운 빨강 열매를 볼 수 있을 것이다.

식물도 음악을 들으면 활발하게 자란다고 하는데 해조음 탓일까 모든 식물들이 윤이 흐르고 키가 커 보인다.

용연은 바다와 이웃하고 있어 밤낮으로 바닷바람과 뭍바람이 번갈아 가며 부는 해안기후를 느낄 수 있있으며, 촉촉함과 온화한 바람결이 감미롭다.

고목들은 강한 바람을 막아주는 방풍림이 되었고 조풍의 염분을 막아주는 방조림 구실을 하고 있었다.

바다와 못이 어우러져 비경을 이루고 있는 이곳, 숲 사이를 걸으며 해조음을 들을 수 있는 이곳, 나도 모르게 콧노래를 하며 활기차게 걷는다.

한 장의 전보

"시들했던 나에게 정열적인 하바네라 곡, 「라 파로마」가 촉촉한 아침 이슬처럼 생기를 주고 있다."

오랫동안 한쪽 장 속에 넣어 두었던 디스크를 정리하다 CD 한 장을 오디오에 얹어 놓았다. 얼마 만에 맛보는 즐거움과 한가로움이 마음을 넉넉하게 한다.

트럼펫은 음색이 날카롭고 남성적인 매력이 있는 악기로 알고 있었는데, 무곡으로 편곡된 연주는 가슴이 에이는 듯 파고드는 부드러운 선율이 애잔하다. 대학시절의 사연이 있는 「라 파로마」 곡이 아닌가.

환도 직전에 대학에 입학한 우리는 부산 가건물에서 공부를 했다. 종강하던 날, 신학기부터 본교에서 강의가 시작된다는 알림판을 보고 학생들은 기뻐 함성을 질렀고 손뼉을 치며 방방이 야단법석이었다.

들뜬 기분으로 고향에 가기 위해 부두로 나갔다. 부두 입구 쪽에서 급히 뛰어오는 남학생은 S대 학생인 K였다. 그는 예쁘게 포장한 상자를 살며시 건네주며 "서울서 만나자." 하고는 어색함을 감추려는 듯 급히 돌아섰다.

상자 속에 든 것은 진한 장밋빛의 작은 꽃과 잎, 긴 꽃대가 나사형으로 어우러져 있는 고운 문양의 스카프와 카드였다. 카드에는 짧은 글과 「라 파로마」의 가사가 정성스럽게 쓰여 있었다. 「라 파로마」는 사랑의 메신저를 하는 비둘기를 말하는 스페인 곡인데 스카프는 비둘기의 전서를 대신한 것일까.

그 당시는 하바네라의 열광적인 리듬음악과 서정적 고전 오페라를 좋아했다. 학생들은 전쟁의 불행을 잊으려고 음악에 심취했던 것 같다.

그는 넉넉한 형편이 아니었지만 단정한 옷차림에 유머가 풍부하여 주위를 즐겁게 하는 기지가 있는 학생이었다.

환도 후 대학생들이 갈 곳은 명동과 종로에 있는 음악 감상실이나 레스토랑뿐이었다. 친구들과 들른 곳에는 어느새 그가 와 있었고 음악이 있으면 「라 파로마」가 그윽하게 흘러 실내를 감싸준다. 그가 신청한 것이다.

대학 졸업 후 건강이 좋지 않는 아버지의 간곡한 말씀에 직장을 포기하고 고향에 내려왔다.

건강이 회복하면 보내준다던 유학의 꿈은 수포로 돌아가고 있었고, 아버지는 자신의 병이 가망 없음을 짐작했는지 갑자기 맏이인 나를 결혼시키려고 서둘렀다.

정기 검진차 어머니와 상경한 아버지는 K를 만났다.

그날 저녁 서울에서 나에게 지급 전보가 날아왔다.

'불합격 아버지가'였다.

아버지는 돌아서 나가는 그의 가는 목덜미와 엷은 어깨를 보고 어머니께 '나처럼 선병질(腺病質)인 허약한 체질 같아서.'라고 하셨다고 했다.

병중임에도 재치 있는 전문을 딸에게 보내 천덕스럽게 매듭지은 아버지의 깊은 마음을 이제야 알 것 같다.

저만치 떨어져 내 주위를 맴돌기만 했던 그는 불합격 이유를 모른 채 아쉬워했을 것이다.

40여 년 간의 세월은 바쁘기만 했다.

한거(閑居)하는 처지가 된 요즘 시들했던 나에게 정열적인 하바네라 곡, 「라 파로마」가 촉촉한 아침 이슬처럼 생기를 주고 있다.

「라 파로마」가 맑은 향기로 들린다.

가끔은 이 곡을 듣게 될 것 같다.

콜레스테롤과의 전쟁

"사람들은 음식의 맛과 냄새, 자극을 즐기며 스스로 골라 먹을 때 삶의 의미를 감지하며 행복해 한다."

콜레스테롤 수치 때문에 약을 복용한 지 5년째이다.

공직에 있었던 몇 년은 운동할 겨를이 없었다. 여유가 생기자 헬스클럽에서 운동을 시작했는데 과도한 운동이 덧나서 젊었을 때 앓았던 허리디스크 병이 더쳐 종합병원에 입원하게 되었다. 혈액검사 결과 콜레스테롤 수치가 300이 넘는다며 약을 복용해야 한다고 했다.

콜레스테롤과의 전쟁이 시작되었다. 우선 하루에 대여섯 잔 마시던 커피를 한두 잔으로 감량했다. 콜레스테롤 함유량이 높은 다섯 종류의 식품을 금식하기로 했다.

사람들은 음식의 맛과 냄새, 자극을 즐기며 스스로 골라 먹을 때 삶의 의미를 감지하며 행복해 한다.

좋아하는 음식으로 차려진 화려한 밥상 앞에서 언짢은 표정으로 깨죽거리는 것을 보고는 음식을 재면서 먹느냐, 살이 찐 것도 아니고 멀쩡한 사람이 너무하지 않느냐 하는 친구들의 말은 견디기 힘든 스트레스였다.

식사는 분량껏 먹는데도 만복감을 느낄 수 없었고 속이 허해 힘이 풀리곤 했다. 정신적인 허기감은 의욕마저 잃게 했고 체중도 4킬로그램 줄었다.

같이 식사하는 상대에게 내 몫을 빼앗긴다는 박탈감으로 얄밉기까지 했다. 날이 갈수록 그 증상은 심해졌다. 별미의 유혹도 떨치기 힘들어 외식도 싫어졌으며 상대방의 먹음새를 뜯어보는 이상한 버릇도 생겼다. 그러는 내 자신이 한심스러웠다.

어릴 때 일이다. 우리 동네에 할머니 한 분이 계셨다. 언제부턴가 길가에서 만난 사람들이 어디 가시느냐고 인사말을 하면 "먹을 것 봉그래(주우려) 감서, 오늘은 뭣을 봉가 볼꼬?" 하며 손 뒷짐을 진 채 걸어가는 것이다. 할머니는 거지도 아닌데 왜 버려진 것을 주우러 가는지 궁금했다.

어머니는 나이가 들면 입맛이 없어지고 소화가 잘 안 되니 시장에서 먹거리를 찾아보겠다는 뜻이라 했다.

할머니는 익살스럽게 말하며 심상한 체 했지만 까칠하게 여위어 있는 할머니가 어린 내 눈에도 딱하고 애처롭게 느껴졌다. '봉그래 간다'는 표현은 할머니 자신이 자탄하는 말이었을 것이다.

끼니때마다 콜레스테롤 수치를 따지고 마트 코너에서 먹거리를 고르는 내 모습이 그 할머니와 무엇이 다르랴.

서너 달마다 한 번씩 하는 혈액검사는 기대와 실망이 되풀이 될 뿐 콜레스테롤 수치는 변함이 없었다.

병원 문을 나서는 내 눈에는 지방 투성인 늪 속에서 헤어 나오지 못하는 자신의 허상을 보기도 했다.

2년쯤 지나 콜레스테롤 수치가 200 이하로 내렸다는 말에 내심 쾌재를 부르는 순간, 담당의는 좋은 콜레스테롤 수치가 오르지 않는다고 했다. 규칙적인 운동을 했고 저지방 음식과 균형 있는 식단으로 식사를 했는데 하며 어린이처럼 볼멘소리를 했다. 나이가 들어도 의사 앞에서는 어린이가 되는 것일까.

의사는 표정 없이 "체질인가 봐요." 했다. 우리 집안에는 심장병이나 고혈압으로 돌아가신 분이 없다. 어릴 때부터 편식이 심했던 나에게 문제가 있었던 것 같다.

콜레스테롤이 원인이 되는 관상동맥 질환은 현대인에게 치명적 질환의 하나라는 것은 누구나 다 알고 있지만 콜레스테롤이 우리 몸에 없어서는 안 된다는 사실을 모르는 사람이 많은 것 같다.

나쁜 콜레스테롤로 알려진 LDL과 좋은 콜레스테롤인 HDL이 서로 반대의 작용을 한다는 것이다. 좋은 콜레스테롤 HDL이 많을수록 심장질환에 걸릴 위험이 없어지고, 나쁜 콜레스테롤 LDL이 많으면 동맥경화나 심장병 질환이 유발된다고 한다.

생화학 박사의 말에 의하면 현대는 LDL을 낮추는 약이 많은 전성시대지만 동맥경화나 심장질환까지를 막기에는 역부족이기 때문에 좋은 콜레스테롤인 HDL를 올리는 연구가 진행 중이라

2011년쯤에 결과가 나온다고 한다.

체중은 정상이 되었고, 콜레스테롤 수치 외는 성인병 증상은 없으니 외식할 때는 음식을 가리지 않기로 하고 적정선을 유지하면서, 요즘 나는 즐거운 식사를 하고 있다.

풀냄새가 싫다며 생야채를 싫어했고 역겨워했던 콩을 좋아하는 음식으로 식성이 변했다. 콜레스테롤이란 고약한 병이 편식 습관을 치료해 주었지만 HDL수치를 올리는 데는 아직도 요원하다. 혈액검사 할 때마다 음식과 바로 연결되는 콜레스테롤과의 전쟁을 당장에라도 끝내고 싶다.

가까이 하기도 싫으며 멀리 할 수도 없으니 콜레스테롤과 이웃처럼 더불어 살아야 편할 것 같다.

배꽃 밭에 쭉정이가

"우리 사회에 횡행하는 쓸데없는 쭉정이를 누가 어떻게 뽑아야 할 것인지."

6·25 전쟁으로 부산에 있었던 대학들이 환도와 함께 서울 본교로 돌아왔다. 동족상잔의 전쟁으로 혈육지친을 잃고 고난의 피난살이를 겪었지만 학생들은 활기차고 밝고 맑은 표정들이었다.

거리의 젊은이들은 눈에 띄게 깔끔하고 세련되어 멋스러웠다.

상가에는 미국에서 구호물자로 들어온 의류와 일용품이 신품처럼 다듬어진 가짜가 번잡스럽게 진열되어 있었다.

명동에서 본 여자들의 화장은 짙어지고 굽이 높은 구두를 선호했으며, 젊은이들의 화려한 장신구의 빛은 격전 중에 살아남은 절박한 생명력을 과시하는 것 같았다.

미군병과 서투른 영어 편언(片言)으로 대화하면서 걸어가는 젊은 여자도 볼 수 있었다.

대학 1년생인 나는 겉으로 보여지는 현상을 보며 종전이 아닌 휴전인데 너무 빠른 축배가 아닌가 싶어 불안했다.

어느 날 과학관에서 실험실습을 하고 있었다. 유황을 태울 때 생기는 자극적인 냄새가 견디기 힘들어 창가에서 심호흡을 하며 숨을 돌리고 있었다. 건너편 교정에 많은 학생들이 모여 있고 교단에 한 여학생이 머리를 숙이고 서 있었다. 웬일일까. 궁금해 하고 있는데 지나가던 선배가 인민재판을 하고 있다고 했다. 배짱 좋은 가짜 학생이 제 발로 걸어들어 왔다는 것이다.

6・25 직후라 인민재판이란 단어가 생소하지는 않았지만 선배의 표현이 의외여서 씁쓰름했다. 선배는 "배꽃 밭에 쓸데없는 쭉정이가 넘실거리네." 시구를 읊듯 하며 걸어 나갔다.

언제부터인가 가짜 물건과 가짜 학생이 많아졌다. 예외 없이 여자대학교인 우리 대학을 사칭하는 가짜 대학생이 많다고 했다. 배지를 달고 대학생이 갈 수 없는 업소에도 활보했고 구직하기 위해 E대를 졸업했다거나 재학 중이라고 쓴 이력서를 가지고 다닌다는 소문이 있었다.

그런 와중에 가짜 학생이 학교에 왔다가 발각이 되었으니 선배들이 주도하고 많은 후배들이 배심으로 한 인민재판을 받았을 것이다.

고등학교 때였다. 2차 세계대전에서 패망 후 일본 젊은이들이 전전의 사상, 도덕, 습관에 구속됨이 없이 행동하는 전후파(아프레-게르)들의 기사 중 빵빵걸(길가에서 호객을 하며 성매매 행위를 하는 여자)의 얼굴은 마치 일본 가부기(歌舞伎) 배우처럼 진한 눈썹과 눈과 입을 강조한 화장을 하고 가슴을 드러낸 야한 모습이었다. 그런 여자들의 사진을 보고 큰 충격을 받았고, 전쟁은 국민을 불행케 한다는 것을 절실하게 통감했다.

6·25 후 어려웠던 시기에 우리 사회는 가짜가 판을 치고, 삶을 부지하기 위해 가짜 상품을 만들고 가짜 학력으로 행세를 했을 것이다. 지금은 전시도 아니고, 삶의 질이 높아졌음에도 우후죽순처럼 가짜가 많아지고 있다.

우리 사회에 횡행하는 쓸데없는 쭉정이를 누가 어떻게 뽑아야 할 것인지.

하품 나와요

"성교육을 한다는 자체를 부끄러운 일이라고 말하는 그분들을 나의 젊은 의욕만으로는 설득할 수가 없었다."

얼마 전 신문에서 중고생에게 성교육에 관한 설문조사를 한 결과를 읽었다.

성에 대한 말은 거의 매일 친구들과 한다고 했으며, 정보는 인터넷에서 얻는다가 절반 이상이었다. 그 외는 TV나 영화, 친구에게서 얻는다고 했는데 충격적인 것은 학교에서 실시하는 성교육은 만족하지 않는다가 77.1퍼센트이고, 지루하고 도움이 안 되며 협박적인 교육이라고까지 표현하고 있었다.

10여 년 전 일이다. 직장 관계로 호주에 가 있는 남동생 집에서 TV를 보고 있었다. 저녁식사를 하려고 일어서려는데 몸집이 큰 경찰관이 네다섯 명의 어린이들을 데리고 숲 속에서 걸어 나오는 화면이 클로즈업되었다.

어린이들의 손에는 작은 성냥갑 같은 것을 쥐고 있었다. 식탁 옆자리에 앉아 있는 초등학교 5학년인 남자 조카에게 애들이 들고 있는 것이 뭐냐고 했더니 "콘돔요." 했다. 뜻밖의 대답이라 당혹감을 감출 수가 없었다. 조카는 왜 놀라세요 하는 표정이었다.

조카는 초등학교에 입학하자 호주로 갔다. 4학년 때 영어와 수학 시험에서 우수한 어린이가 갈 수 있는 OC(Opportunity Class)시설이 있는 학교에 다니고 있었다. 동생 부부는 자만심을 우려해서인지 아들에게는 지능지수를 낮추어 말하면서까지 세심하게 신경을 쓰는 것 같았다. 그 또래에서는 독서량이 많아서인지 멀리 보고, 들어서 아는 것이 많은 아이라고 알고는 있었지만 성에 관해 거리낌 없이 말할 수 있는 것은 청소년 의식세계에 접근하여 현실적인 성교육을 하는 서구적인 분위기 때문인 듯했다. 자연스럽고 여유로움이 있는 조카의 태도는 세련되고 아름답기까지 했다.

동생들이 한국에 돌아갈 시점이기도 해서 한마디 했다. 한국에서는 선생님과 친구들에게 그런 말을 함부로 하면 버릇이 없고 불량한 아이라고 여길지도 모르니 명심하라고 했다. 올케도 내 옆에서 거들었다.

그날 밤 조카는 밤새 식은땀을 흘리며 헛소리를 했다. 동생 부부는 아이에게 한국에 가면 공손하고 말과 행동을 삼가야 한다고 했더니 요즘은 호주에 눌러 살자며 떼를 쓴다고 했다. 그런 사정도 모르고 내가 곁들이기까지 했으니 한국은 두려운 대상이 되었던 것이다.

그 후 귀국했고 그런 대로 적응하는 것 같았다. 졸업여행을 갔었다는 조카에게 재미있었느냐고 했더니 "호주 아이들보다 더 깊이 알고 있고 정보는 빨랐어요. 행동적이고요." 했다. 호주에서의 일이 생각났던 것이다. 행동적인 것이 무엇이냐고 묻고 싶었지만, 고모는 너무 모르세요 할 것 같아 어색한 웃음으로 넘겨 버렸던 기억이 있다.

나는 약학대학을 나오자 사범학교에서 화학과목을 담당하면서 주1회 생리시간을 맡겠다며 자청했다. 그 이유는 당시 서울에 있는 명문여자고등학교에서 성교육을 실시하겠다는 발표가 사회적인 큰 이슈가 되었고, 내 딴에는 학생들이 생리적 의학적 무지에서 오는 폐해를 없애야 되겠다는 사명감 같은 것도 있었다.

교장, 교감 선생에게 문제의 여자고등학교 성교육 교재를 얻을 수 있었으면 좋겠다고 말했다. 그분들은 말문이 막힌 것처럼 한참 서 있다가 생각해 봅시다 하며 돌아서는데 한심스럽다는 눈빛이 역연했다.

성교육을 한다는 자체를 부끄러운 일이라고 말하는 그분들을 나의 젊은 의욕만으로는 설득할 수가 없었다. 정보자료와 특정 교재도 없이 교육을 했다면 학생들은 다 알고 있는 것을 어렵게 설명하고 있다며 하품을 했을지도 모른다.

하지만 40여 년이 지난 지금까지도 청소년 눈높이에 맞는 교육이 이뤄지지 못하는 실정인 것 같고, 피상적이고 청소년 성문화에 뒤진 교육을 하고 있다는 것은 성에 대한 교육을 너무 안이하게 여기는 것 아닌가 싶어 답답하다.

젊은 시절 새로운 일을 시작하려는 적극성이 부족했던 아쉬움도 있지만, 지나간 일을 돌이켜 생각할 수 있는 대목이 있어 흐뭇하다.

수집 이력

"작다는 것은 크지는 않다는 것이지만 젊다는 뜻도 담겨 있다."

초등학교 공작시간에는 전쟁(제2차 세계대전) 탓인지 교재는 단조롭게 색종이뿐이었다. 색종이를 접어 동물이나 소꿉놀이 세간을 만들었고, 색색이 인형을 만들어 방에다 진열해 놓았었다.

다음날 날씨가 개라고 기원할 때 추녀 끝이나 나무에 매다는 까까중 인형(일본 어린이들이 했던 풍습)을 여러 개 만들어 두기도 했다. 우리 학교 소풍날은 자주 비가 오기 때문이었다.

봄 소풍 전날 거실 앞 나무에 까까중 인형을 매달아 놓고 비가 오지 않게 해달라며 합장 기원을 하는데 갑자기 비가 쏟아졌다.

비 무게로 인형머리는 뒤로 젖혀지고 옷은 찢어져 조각이 나 엉망이 된 인형이 땅에 나뒹굴었다. 붉은 색종이 물방울이 피를 닮았다고 생각하니 죽은 인형이 가엾고 애처로워 인형 조각을 모아 화장을 했다. 그로부터 종이 인형 모으기를 그만 두었다.

인형에 매료된 나는 인형 모으기를 시작했다. 눈썹이 가늘고 눈 꼬리가 긴 것이 슬퍼 보이는 우리 인형보다 서양인형을 더 좋아했다. 큰 인형보다 작은 인형을 좋아했다. 모양이 작으나 갖출 것은 갖추고 있고 귀엽고 깜찍해 보호해 주고 싶었기 때문이었다.

인형을 음계(音階)순으로 진열하고 수가 많아지자 3부 합창단처럼 배열도 했다. 화학시간에 공부했던 이온화 경향 순으로 세우고 원소 성질별로 인형 이름을 붙여 주었다. 코발트블루의 옷을 입고 있으면 코발트(Co), 은색 머리면 은(Ag)이나 수은(Hg), 금발머리는 금(Au)으로 빨강 블라우스는 동(Cu) 그리고 모녀의 인형은 납(Pb), P는 어머니이고 b는 딸인데 b를 거꾸로 들어 뒤집으면 P가 된다. 모녀가 닮은꼴이라는 것이다.

어느 날 어머니는 친구보다 더 좋아하는 인형놀이가 못마땅했는지 "인형을 좋아하면 손이 귀하다는데…."라고 하셨다.

무슨 뜻인지 애매했지만 여러 자식을 떠나보낸 어머니의 슬퍼했던 모습이 떠올랐다. 동생들의 죽음은 인형 때문일 것이라 생각이 들자 나는 동네 아이들에게 인형을 나눠 줘버렸다.

그 후에도 마음이 동하면 조금씩 수집을 했다.

전문 수집가들은 컬렉션 방법이 있지만 그런 것에 구애는 받지 않는다.

티스푼은 유명한 작가의 작품이 아니어서 값 오르기를 기대하지도 않으며 도에 넘치는 고가의 물건도 아니다. 외국이나 어떤 지역의 상징성이 그려져 있는 스푼을 고른다. 티스푼 손잡이 끝에 그려져 있는 그림은 거칠고 정교하지 못하여 예술성이 없다 해도 서민의 냄새가 배어 있어 좋다.

다양한 몸체의 모양새도 보며 고가의 작품을 고르듯이 정성을 들인다. 손아귀에 드는 작은 티스푼은 오밀조밀하게 만들어져 자상한 모양을 하고 있다.

작다는 것은 크지는 않다는 것이지만 젊다는 뜻도 담겨 있다. 지나친 욕심은 버리고 자기 분수에 알맞게 산다는 것이니 그것이 편안하다는 뜻일 게다.

수집을 전문적으로 하는 것도 아니며 쓸데없는 것까지도 수집하는 병적인 버릇이 있는 것도 아니다. 그냥 좋아하는 물건을 모으는 것이 친구를 얻는 것처럼 즐겁다. 물건에 내 손결이 묻으면 생명을 불어넣어 준 것 같은 느낌이 신기하고 보람이 있다.

고등학교 때 미술 선생이었던 천경자 화백의 그림을 보고 숨이 막힐 만큼 황홀했던 적이 있었다. 그림 값은 나에겐 가늠할 수 없는 큰 액수였다.

어른이 되면 좋아하는 그림을 살 수 있는 정도의 부자가 되었으면 했다.

그 소망이 이루어졌다면 전문 컬렉터가 되었을 터인데….

2

칵테일 핑크레이디

찐빵과 차이코프스키의 「비창」

"찐빵을 게눈 감추듯 먹는 Y선생의 모습은 인간 본디의 모습인 것을…"

남문로 비탈길에서 하늘을 바라본다. 하얀 실오라기 구름이 몇 가닥 떠있는 푸른 하늘이 완연한 가을이다. 가을은 하늘을 바라보는 것으로 시작된다고 하던가. 마냥 걷고 싶어 차를 타지 않고 걷기 시작했다. 번화가로 내려오자 찻길 소음이 싫어 윗길인 시장 길로 들어섰다.

오랜만에 본 시장은 예나 다름이 없다. 활기찬 시장은 사람 냄새로 여유롭다. 정겹고 흥취가 있어 구경하는 것만으로도 즐겁다. 풍성한 갖가지 햇과일이 고운 빛을 내며 뽐내고 있다. 서너 집 건너 가게에선 갓 찌어낸 찐빵 냄새가 코끝을 간지럽힌다. 우리가 학교에 다닐 때는 많이 찾던 음식이다. 뜨거울 때 먹으면 입에 닿는 촉감이 부드러워서 많은 사람들이 좋아했던 서민적인 음식이었는데, 다양하고 화려한 음식과 웰빙 음식에 밀려난 찐빵은 요즘 홀대를 받고 있는 것 같다.

문득, 찐빵을 보자 차이코프스키 교향곡 「비창」 선율이 아득하게 잦아드는 것이 아닌가. 6·25전쟁 후 학생들과 젊은이들은 크고 작은 전흔을 가지고 있었다. 불확실한 미래, 물질적 어려움과 정신적 고통으로 표정은 늘 어둡고 괴로움이 묻어 있었다. 그런 시기에 대학을 나온 나는 고향에서 교직에 있게 되었고, 음악을 좋아하는 교사들의 모임에 동참했다.

우리는 가끔 모여서 클래식 음악을 감상하고 작품 해설은 물론 작품과 작곡가에 대한 일화를 말하며 전후의 심란한 마음을 풀기도 했다. 우리 모임은 고전음악만을 고집했다. 경음악은 지금처럼 다양하지도 않았고, 신이 나 흥겨워 할 사회의 모습은 더욱 아니었기 때문이다. 고전음악 음반을 쉽게 접하기 어려웠던 시대이기도 했지만 고전음악은 한두 번 듣는 것으로 이해하기는 까다로워 친숙해지기가 쉽지 않아서 우리는 같은 곡을 듣고 또 들었다. 퇴근 후 회원들은 약속 없이 클래식 음반이 많은 중심가 찻집에 들르곤 했다. 찻집 주인은 우리가 가면 으레 고전음악 판을 전축에 넣어주었다.

어느 날 퇴근길에 찻집으로 갔다. 차이코프스키 교향곡 제6번 b단조 「비창」곡 중 가장 아름다운 대목 선율이 흐르고 있었다. 우리 회원인 Y선생이 베레모를 눌러쓰고 양팔을 낀 채로 눈을 감고 있었는데 우주의 고민을 혼자서 짊어진 듯 절실하고 심각해 보였다. 나는 인사말 없이 자리에 앉았다.

제4악장 마지막 후반, 비창의 이름에 걸맞은 절망적인 분위기였다. 격렬하게 고뇌하듯 감동을 주는 부분에서 Y선생은 손인사를 하고 일어서서 나갔다. 끝나기도 전에 일어서는 것은 판을 틀어준 주인에게 예의가 아니라는 생각이 들었다.

나는 비통함의 여운을 만끽하고 끝까지 감상하고 찻집을 나오려는데 종업원이 Y선생 책이라며 나에게 건네주었다. 집 방향이 같은 터라 책을 받아들고 Y선생 집으로 갔다. 방문이 열려 있어 급히 방으로 들어가는 그를 볼 수 있었다.

그는 빠른 손놀림으로 장방에서 누런 봉지를 집어 들더니 봉지에서 꺼낸 찐빵을 한입에 넣고 단숨에 허겁지겁 먹는 것이다. 기척을 하려다 멈칫했다. 배가 많이 고팠던 것일까, 더할 나위 없이 흐뭇해하는 충만한 표정은 평소와는 너무나 달랐다. 음악을 좋아하고 예술적인 끼가 있으며 자기 관리를 잘하는, 자존심이 강한 그를 아는 체하지 않는 것이 예의일 거라는 생각이 들어 조용히 돌아섰다.

「비창」을 작곡한 차이코프스키는 '비창'이라는 곡명을 대단히 만족해했다고 한다. 초연을 한 후 9일 만에 당시 만연했던 콜레라에 의해 세상을 떴다고 한다. 사람들은 그의 죽음과 「비창」곡에 담겨진 절대적인 비애감 사이에는 운명적인 것을 느끼게 된다는 것이다.

고금을 통해 훌륭한 곡인 「비창」과 찐빵 사이에는 아무런 연관성이 없는데도 Y가 찐빵을 우물거리던 장면은 몹시 슬프고 가슴 아픈 곡을 배경음악으로 한, 수준 낮은 코미디로 나에게

잔영처럼 남아 있었던 것 같다.

찐빵을 게 눈 감추듯 먹는 Y선생의 모습은 인간 본디의 모습인 것을, 평소와 또 다른 면을 나만이 알고 있다는 야릇한 쾌감도 있었던 것일까. 찐빵 먹음새가 가관이었다고 한마디 하고 웃어넘길 일인데 그에게 끝내 말을 하지 않았다

비현실적이고 이상적인 것을 추구했던 젊은 시절, 현실을 직시하는 마음의 눈이 부족했던 탓일까.

약창을 닫던 날

"언젠가 긴 세월 약창에 서린 서리꽃처럼 가슴에 가득 고인 글로 퇴직식을 하리라."

의약분업 시행일이 확정되자, 장고 끝에 약사직에서 벗어나기로 했다. 어려운 결정을 하고 나니 새 집에 이사라도 가듯 설레었다.

약학이라는 학문에 매료되어 전문직을 선택한 지도 서른 해가 넘었다.

내 처방으로 환자에게 치료 효과가 있을 때는 더러 가슴이 뛰었고 삶의 활력소가 되기도 했다. 한약 파동으로 그간의 한약 학습이 물거품 같은 것이 되었고 연이은 의약분업은 동반의 관계인 의약계가 서로 비판하는 사이가 되었다. 반세기의 약권이 무너지는 것을 보며 심신은 지쳐 있었다. 무산소의 굴에서 뛰쳐나와 심호흡을 하고 싶었다.

의약분업 실시하던 날 나는 약창을 내리고 홀가분한 기분으로 해안도로를 달렸다. 먼 여행을 끝내고 집에 돌아온 느낌이었다. 거실 테이블 위에 두 개의 촛불을 켜고 예쁜 잔을 골라 커피를 마시며 음악을 듣는다. 루치아노 파바로티가 부른 「축배의 노래」(라 트라비아타 중에서) CD를 넣고 볼륨을 최고로 돌렸다.

서울에서 동생이 전화를 했다.

"언니 기분 어때요."

"꽃이 없는 쓸쓸한 퇴임식이야." 무심결에 대답한 것이 자조적인 것으로 들린 것 같아 마음이 아려 왔다.

퇴직을 자축하는 축배의 노래가 울려 퍼지고 있었다.

둥글게 만든 색색이 꽃목걸이와 정이 가득한 꽃다발 더미에 파묻혀 후배들의 수고했다는 인사는 기쁨이고 가족들의 칭찬을 가슴에 담으며 제2의 삶을 시작하려는 나에게 친구들로부터 격려도 받고 싶었다.

언젠가 긴 세월 약창에 서린 서리꽃처럼 가슴에 가득 고인 글로 퇴직식을 하리라 마음먹고 있었다.

혼돈과 혼란 속에서 갈피를 못 잡고 있을 때 약국을 떠나야 했을까. 의약분업이 시대적 요구이며 추세라면 젊은 약사들과 함께 새로운 약사상이 적립될 때까지 동참했어야 옳은 일이 아니던가.

의약분업을 의연하게 받아들이지 못한 결정은 평생 한 번밖에 없는 퇴직식을 놓치고 말았으니….

테너와 소프라노 2중창이 환희의 절정에 오르더니 합창까지

가세한다. 장엄하고도 열광적인 노래는 거실 안을 넘쳐흐른다. 축배의 선율은 착잡했던 심정을 흘려보내고 있다.

세월은 흐르는 것이며 삶은 변화하는 것이다. 묵은 마음을 풀고 아집을 버리면 향기로운 삶이 될 것이라는 예감을 한다.

칵테일 핑크레이디

"핑크레이디를 한 모금 입 안에 머금고 있었다. 단맛과 신맛이 어우러진 산뜻하고 깔끔한…. 멋스럽고 흥겨운 음악을 듣는 듯 감정이 상승한다."

알코올음료가 들어 있는 혼성주인 칵테일을 처음 마셨던 것은 대학 일학년 때였다.

어느 날 어금니에 점을 찍은 것처럼 거무스름한 점을 봤다. 치과대학 인턴과정에 갓 들어간 Y에게 보였더니 대학병원에 들르라고 했다.

6・25때 제주에 피난 왔었던 친지의 집에 유숙을 하고 있었는데 Y는 그 집 조카였다.

대학병원에 그녀를 찾아갔지만 자리에 없었다. 혼자서 치료를 받고 병원 밖으로 나오는데 Y가 뛰어오더니 차를 마시자며 등을 떠밀었다. 그녀의 몸매는 어깨가 좁고 얇은 것이 가냘프게 보였지만 진한 이북사투리는 선머슴처럼 털털하게 보였다.

우리가 갔던 곳은 찻집도 아니고 레스토랑도 아니었다. 주로 양주를 파는 카페였다. 양주의 깊은 맛을 모른 채 전후 젊은이들이 유행처럼 좋아했던 시대였다.

실내의 번쩍이는 조명과 화려한 분위기에 나는 놀라 강열이 일어났다. 진한 핑크색 벽과 와인색 카운터는 화려했다. 바텐더의 하얀 모자는 음식점 요리사와 달리 높게 주름 잡아 세운 모양이 권위가 있어 직업에 대한 긍지의 상징인 것 같아 보였다.

나는 얼떨떨해서 자리에 앉자, 술은 마셔 본 적이 없다고 했다. 그녀는 손뼉을 치며 깔깔 웃더니 과실즙에 브랜디를 떨어뜨린 거야 하며 난감해 하는 나를 주눅 들게 했다.

당시 커피숍에서 홍차에 위스키를 몇 방울 넣은 차를 마시며 폼을 내는 남자들을 본 적이 있어 주스에 약간의 술을 넣은 것이라고 받아들였다.

메뉴를 보니 칵테일 종류가 많았다. '핑크레이디'란 이름이 눈에 들어왔다. 어쩐지 여자들이 좋아하는 술인 듯싶어 그걸 집었더니 Y가 두 잔을 주문했다.

핑크레이디는 기주(基酒)인 진이나 브랜디에 레몬과 달걀흰자를 섞은 것이었다. 긴장감을 감추려고 깊은 숨을 삼키고 천연덕스럽게 핑크레이디를 한 모금 입 안에 머금고 있었다. 단맛과 신맛이 어우러진 산뜻하고 깔끔한 맛이었다. 혀 위에 천천히 올려놓고 음미하며 조금씩 조금씩 삼켰다. 쓴맛이 기분을 상쾌하게 했다. 멋스럽고 흥겨운 음악을 듣는 듯 감정이 상승작용이 일어나는 것 같더니 나도 모르게 낮은 목소리로 종알거리기 시작했다.

언니는 "왜 목소리가 허스키야, 표준어를 써요, 살 좀 찌세요." 하며 Y를 난처하게 했고, "핑크빛은 로맨틱한 것만은 아니야. 속어로 환각제 진통제라는 것이 있고 핑크병이라 하는 유행병도 있지요." 하며 호기도 부렸다고 했다.

처음에는 낯이 불그스레하다 백지장처럼 창백해져 겁이 났다며 "너는 술 마시지 마라, 핑크빛 주정도 듣기 거북했다."고 했다. 나는 백지장이란 말이 특이체질이라는 것으로 알아들었다.

언짢은 일이 있어 친정에 갔다가 아버지가 즐겨 드시던 노주에다 실딩에 담갔던 오미자즙을 넣어 꿀꺽꿀꺽 마셨던 적이 있었다. 나는 투덜대고 있었다. 정신은 말짱한데 슬슬 혼잣말을 하는 것이다. 하얗게 질린 표정으로 소파에 앉아 같은 말을 되풀이하는 것을 본 동생들은 내가 정신을 놓을까 봐 전전긍긍했다고 한다.

그것이 나의 약점이 되어 동생들은 가끔 혼잣말 되풀이 하는 것을 흉내 내며 놀리기도 했다.

신화 속 술 이야기에 주신(酒神)인 디오니소스가 길을 가다가 나뭇가지 하나를 발견하고 이를 주워 새의 뼛속에 감추어 두었다가 사자의 뼛속으로 옮겨 놓았다. 마지막으로 당나귀 뼛속에 감춰두었던 이 나뭇가지들을 그리스의 섬인 락소스 땅에 심어져 최초의 포도나무가 자라났고, 그 포도를 가지고 와인을 만들었다고 한다.

그래서인지 와인을 마시면 처음에는 새처럼 시끄럽게 재잘대고 다음에는 사자처럼 난폭해지며 마지막으로 당나귀처럼 우매

해진다는 것이라고 한다.

술은 백약(百藥)의 장(長)이라는 속어처럼 적당히 마시면 양약(良藥)보다 술이 몸에 좋다는 말이다. 술은 사람의 마음을 뜨겁게 하고 용기와 자신감을 불어넣기도 하지만 취기가 지나치면 광기가 되어 사람이 자제력을 잃어 난폭해진다.

그 후 나는 핑크빛 주정을 한 적이 없다. 알코올이 들어 있는 음료는 가까이 하지 않기 때문이다.

그래도 격조 있는 카페에 가게 된다면 '핑크레이디'를 주문할 것이다.

할렐루야

" '할렐루야' 를 응원가처럼 부르는 그들의 웃는 얼굴은 너무나 찬연(粲然)했다."

노상에서 어린이 대여섯 명이 '가위 바위 보'를 하고 있었다. 이기면 손을 번쩍 들어 '할렐루야'를 부르고, 지면 지는 대로 '할렐루야' 하며 외치는 것이다. 승자인 경우 우월감과 기쁨의 표현일 것이고, 자기편인 패자에게는 격려의 뜻으로 하는 것 같았다. '할렐루야'를 응원가처럼 부르는 아이들을 보며 묘한 느낌으로 바라보고 있었다.

'할렐루야'라는 말은 유치원에서 찬송가를 부르거나 성경을 읽어주는 여선생을 통해서 처음으로 알았다. 성탄절에는 무대에서서 구약에 나오는 천지 창조의 구절을 한 구절씩 암송을 하며 할렐루야를 불렀던 것으로 기억하고 있다.

대학에서는 채플 시간이 있어 성가나 찬송가에 나오는 할렐루야는 낯익은 단어이지만 신을 찬양하라는 뜻으로 신께 기쁨과 감사를 나타내며 공경하는 마음으로 엄숙하게 쓰이는 말이라고 알고 있었다.

6·25전쟁 뒤 문화면에 굶주리던 우리는 특히 고전음악에 심취되어 음악회나 연주회가 있으면 친구들과 떼를 지어 다니며 극성을 부렸다.

헨델곡 오라토리오 「메시아」의 연주회가 있었던 날, 10여 명의 친구들과 함께 나란히 자리를 잡고 앉았다. 이 곡을 심포니 오케스트라 연주로 듣는 것은 처음이라 기대와 흥분으로 잔뜩 긴장되어 있었다.

오라토리오 「메시아」는 예수 일생과 행적을 표현한 것이지만 드라마틱하고 오페라와 같은 화려함이 있으며 축제 같은 기분이 드는 곡이다. 헨델의 수많은 오라토리오〔聖譚曲〕 중에서 최고의 걸작으로 알려져 있다.

연주가 시작되자 청중들이 숨을 죽이고 연주에 빠져들어 있었을 때였다. '할렐루야' 코러스 부분에서 느닷없이 우리 일행인 한 학생이 자리에서 벌떡 일어섰다. 그 순간 주위에 있던 사람들은 놀란 표정으로 쳐다보았고 우리는 어찌할 바를 몰랐다.

곡의 장엄미와 종교적인 감동에 전율한 것일까. 서 있는 학생 태도가 경건하면서도 당당해서일까, 사람들은 아무런 동요도 없이 앉아 있었고 연주는 그대로 계속되었다. '할렐루야' 코러스가 끝날 때까지 너른 연주 홀에 혼자 서 있는 그녀가 안타깝고 안 돼 보였다.

런던에서 「메시아」 초연 당시 국왕 조지 2세가 '할렐루야' 코러스 대목에서 감격한 나머지 기립했는데 국왕을 따라 청중들도 모두 일어섰다는 유명한 이야기가 있으며 지금까지도 그런 관습이 남아 있다.

그녀의 언니인 내 친구는 음대에 다니는 학생이었으며 그들은 목사집 딸들이었다. 동생 따라 왜 일어서지 않았을까, 언니가 일어섰다면 우리도 따라 기립했을 것이고, 기독교인이 아니더라도 훌륭한 곡에 대한 경의의 뜻으로 같이 그렇게 했을 것이다. 그러면 연주자와 청중이 하나가 된 감동적이고 인상적인 콘서트가 되었을 것인데….

과외 공부하느라 길가에서 서성이는 아이들을 볼 수가 없었는데 '할렐루야'를 응원가처럼 부르는 그들의 웃는 얼굴은 너무나 찬연(粲然)했다.

가위 바위 보가 끝나자 즐거운 놀이를 하려는지 아이들이 무리 지어 어디론가 뛰어가고 있었다.

나는 돌아서면서 상쾌하게 '할렐루야'라고 불러 보았다.

뮤지컬 「메노포스」

"갱년기에 나타나는 신체상의 변조를 익살과 풍자, 남자 갱년기를 빗대거나 살짝 돌려 마치 남편의 흉을 보는 듯해 관객을 더욱 웃겼다."

산수가 아름다운 곳으로 연말 여행을 떠나기로 했던 모처럼의 계획이 친구네 사정으로 취소되었다. 벼르던 여행이라 아쉽다 못해 은근히 화가 났다. 혼자 떠나볼까 하는 생각도 있었지만 돌아가신 어머니가 그믐께 집을 나서는 것이 아니라고 하시던 말이 일리가 있는 것 같아 일단 눌러앉기로 했다.

세밑 여유 시간을 방에 붙박이 노릇을 할 수가 없었다. 마침 뮤지컬 공연이 있다기에 제자인 K와 함께 가기로 했다. K는 제자이지만 정겨운 친구 같고, 몸가짐이 부드럽고 섬세하여 그를 만나면 기분이 좋아진다. 취향도 나와 비슷해 가끔 만나는 사이다.

공연장으로 가면서 K에게 뮤지컬 제목이 뭐냐고 했더니 「메노포스」라고 했다. 많이 듣던 익숙한 단어 같은 느낌이 들었다. 정식 뮤지컬을 본 지가 여러 해 되었기 때문에 뮤지컬의 새로운 장르를 말하는 것이려니 하고 건성으로 듣고 넘어갔다.

티켓에 있는 출연진을 보니 모두가 여자들이었다. 순간, 깜짝 놀랐다. 메노포스(menopause)는 갱년기, 폐경기라는 말이 아닌가. 메노포스를 뮤지컬의 한 장르로 생각하다니…. 갱년기를 지난 지 오랜 처지라 직감 능력이 무뎌진 것일까. 하지만 오랫동안 약국을 경영하면서 갱년기 장애에 대한 투약도 했고, 상담도 했었는데 나 자신이 딱하고 한심스러웠다.

뮤지컬의 막이 올랐다. 알 만한 뮤지컬 배우가 있었고 다이어트 사건으로 한때 물의를 일으킨 개그우먼 K양도 있었다. 갱년기에 있는 네 여자들의 푸념으로 시작되었다. 갱년기에 나타나는 신체상의 변조를 익살과 풍자가 있는 노래와 춤으로 연기를 했다. 남자 갱년기를 빗대거나 살짝 돌려 말하는 것이 마치 남편의 흉을 보는 듯해 관객을 더욱 웃겼다.

관객들이 공감을 하고 환호와 박수를 보내면 무대 아래로 내려와 즉흥적으로 관객과 대화를 하는데, 가락으로가 아니라 말의 악센트에 따라 이야기를 하듯이 노래를 하는 그들에게 아낌없이 박수를 보냈다. 무대 바로 앞에 앉아 있던 한 남자가 개그를 했던 K양에게 환호성을 지르자 "다이어트 했다고 해서 싫어했지요." 하며 너스레를 떨기도 했다.

처음에는 직접 드러내지 않으면서 다듬어진 세련된 제목이었으면 하는 아쉬움이 있었고, 갱년기 증상을 여과 없이 표현하는 것이 조금은 야하기도 해 민망하고 어색했다. 하지만 배우들은 무대 위를 종횡무진으로 휩쓸며 춤을 추고 노래하며, 정열적인 연기로 관객의 심금을 울렸다.

점잖게 앉아 박수를 아끼던 나와 K도 덩달아 신이나 박수를 치며, 오랜만에 뮤지컬의 진수를 마음껏 즐겼다.

뮤지컬은 희극적이면서 음악과 춤, 연극을 융합시킨 종합예술임을 새삼 알게 되었다. 화려한 무대장치와 조명, 아름답고 품위 있는 의상, 녹음음악이 아닌 무대 아래 소규모의 악단이라도 있었으면 금상첨화가 되었을 텐데.

뮤지컬 「메노포스」는 한 해의 스트레스를 풀어주었고, 넉넉한 새해맞이를 할 수 있을 것 같아 마음이 흐뭇해졌다.

용수의 사계(四季)

"9월이 되면 한낮에 해가 낮아진 탓일까, 용수는 짙은 비취색 수면이 얼음판처럼 눈부시게 빛난다."

나는 용연(龍淵)을 용수라고 부른다.

용이 살고 있는 물이라는 뜻인 용수가 귀에 익을 뿐 아니라, 어릴 때 무근성(용연 남서쪽에 있는 마을)에 있었던 외가 어른들이 용수라고 불렀고, 용수의 신성하고 불가사의한 설화를 많이 들어왔기 때문이다.

저녁께에 용연 산책길을 매일 걷는다. 바다와 용연 하류가 이어져 있어서인지 해풍과 햇빛, 해수와 용수가 계절 따라 다른 정취를 띠고서 다가오는 자연의 모습은 신기하고 황홀하다.

봄날 구름다리에서 보는 수평선은 가늘고 반듯한 선이 그려놓은 듯 선명하고, 하늘, 바다와 용수가 하나같이 청절한 푸른 색깔이다. 산책길 숲에는 새들이 청아한 목소리로 환상곡을 빚고 있다.

소소리바람이 부는 이른 봄 꾀꼬리 울음을 이곳에서 들었다. 용언 주위가 환경오염으로 새들이 둥지를 틀지 않는다고 하는데 길 잃은 꾀꼬리가 아닌가 싶어 안타까운 생각이 들었다. 예전에는 번식기에 많이 운다는 봄 꿩의 울음을 들을 수 있었다고 한다. 짝짓기를 위해 신기를 얻으러 용수를 찾아 들었을 것이다.

한여름 용연의 서쪽 하늘은 일몰이 장관이다. 햇빛은 바다를 적황색으로 물들이고, 구름 조각으로 층이 져 있는 하늘은 순연한 색동 빛깔이다. 저녁놀 때문일까. 석양빛은 환상적이다. 용광로 불꽃같은 태양열이 용연 화석암을 비껴 설 때면, 그늘진 용수는 무서운 검푸른 빛이 돼 마치 죽은 호수 같다.

바닷바람과 뭍바람이 밤낮으로 번갈아 가면서 불어 와 더위를 잊게 한다. 해풍 소금기를 용수가 여과해줘서 습윤하고 온화한 바람이 된다. 용연에서만 즐길 수 있는 바람이다.

9월이 되면 한낮의 해가 낮아진 탓일까, 용수는 짙은 비취색 수면이 얼음판처럼 눈부시게 빛난다. 돌을 던지면 핑글핑글 매끄럽게 돌 것만 같다. 병풍같이 둘러서 있는 화강암 등성이에서 둥둥 북을 치면 그 울림은 계곡을 가득 넘칠 것이다. 용을 부르는 요기스런 소리다.

강한 회오리바람이 불기 시작하고 용올림이 일어나 물기둥과 함께 용이 하늘 높이 치솟아 오른다. 새들은 혼비백산하고 물고기는 용올림에 치여 모두 죽을 것이다. 천지개벽이 일어난다.

가을이 환각에 빠져들게 하는 것일까, 전설 속에 서 있는 나를 본다.

한겨울의 섬이 몸을 떨 때 수평선은 얌전한 고운 선이 아니다. 파고에 따라 수평선이 흔들리고 있다. 손에 잡힐 듯 가까워 보이지만 바닷물이 하늘 위로 올라앉은 듯 수평선은 높아 보이고, 바다와 하늘의 색조가 회색으로 부옇다.

강풍이 불면 성난 파도가 무섭게 밀려올 때 하얀 거품을 입에 문 괴물이 쳐들어와 용연을 삼켜버릴지도 모른다. 그럴 땐 바다가 용연을 침식할 것 같지만 용연 밑에서 솟아오르는 용수의 힘이 만조선(滿潮線)을 넘지 못하게 한다. 용수는 바닷물과 어울리는 것을 싫어한다.

용연에 가면 용수가 있어 좋다. 용연에 서면 외가의 널따란 마당에 온 듯 정겹고 편안해서 오늘도 나는 용수 주위를 걷는다.

용수가 안경을 삼키다

"풍운조화를 부린다는 용이 여의주를 얻고 승천했으니 용연에는 힘없는 이무기만 살고 있는 것일까."

용연 구름다리에 들어서자 쇠줄 난간에 서 있는 사람들이 일제히 놀란 표정으로 내려다보고 있었다.

네댓 살쯤 된 사내아이가 물에 빠져 허우적거리고 있었던 것이다.

남쪽 언덕배기 바로 밑에 기암을 다듬어 만든 휴식공간이 있었다. 부모와 함께 있던 아이가 난간에서 실족한 것이다. 그 아이는 놀랍게도 마치 배영을 하는 것처럼 반듯이 누워 손발로 수면을 차고 있었다. 운동 신경이 남달라서일까 부력작용으로 떠 있어 물을 많이 먹지 않은 듯했다.

문득 유년시절 들었던 용연에 대한 민담이 떠올랐다.

우리 외가는 용연 동쪽 명문내를 건너 나지막한 길을 따라 가면 예스러운 정취가 물씬 풍기는 동네, 무근성에 있었다. 외가 행랑채에 사는 아주머니는 옛말 듣기를 좋아하는 나에게 용연에 대한 많은 얘기를 구수하게 들려주었다.

용연에 용이 산다 하여 '용수'라 부른다고 했다. 용수에서 헤엄을 치는 사람, 용수에다 아무거나 버리는 사람, 침을 뱉거나 오줌을 싸거나 하면 화가 난 용이 엄청나게 큰 물기둥과 함께 솟구쳐 올라와 사람을 잡고 밑창이 없는 물속으로 사라진다고 했다.

혹시 용이 아니면 큰 물기둥이라도 솟아오르는 이변이…. 불안하면서도 더러는 호기심이 교차했다.

한 청년이 물속으로 뛰어들었다. 어쩔 줄 몰라 하넌 아이 아버지가 뒤따랐다. 청년은 아이를 등 쪽으로 끌어안더니 수면에서 낮은 암벽 쪽으로 헤엄쳐 갔다.

한 팔로는 암벽을 잡고 다른 한 팔로 아이를 받쳐 올리자 뭍에 있는 사람이 재빨리 받아 아이를 구해냈다. 청년은 능숙하게 절벽을 타고 올라왔다. 아이 아버지는 백지장이 된 얼굴로 던져준 가는 줄을 붙잡고 있을 뿐 기력을 잃었는지 물속에서 꼼작거리고 있었다.

아이 어머니는 아이 얼굴을 만져보며 무사함을 확인하는 듯하더니 "아이고 안경, 안경이." 하며 아들을 구해준 청년에게 손을 내두르는 것이다. 아이가 갑자기 울기 시작했다. 그 아이가 안경을 들고 있었던 것이다.

그 광경을 보고 있던 사람들은 "물에 빠진 사람 살려주었더니 보따리 내놓으라는 격이다." "어린 것 간수하지 못한 어미가 무슨 낯으로." 하며 한마디씩 했다.

아이 아버지가 올라오자 그 어머니는 염치없음을 깨달았는지 고개를 숙이고 황급히 자리를 떴다.

용연은 다시 조용해졌다. 용은 사람이 아닌 안경을 삼켜버린 것일까. 아니면 풍운조화를 부린다는 용이 여의주를 얻고 승천했으니 용연에는 힘없는 이무기만 살고 있는 것일까.

옛 사람들은 상상의 동물인 용을 신비적 신앙 숭배의 대상으로 삼았다. 민담을 빌려 삶의 이치를 깨닫게 하고 자연을 사랑하고 보호하는 슬기도 남겼다.

괘씸한 파리 한 마리가

"칙어쟁반을 한 손으로 들고 파리를 내쫓을 수도 있는데 그는 끝끝내 양 손으로 들고 교단으로 올라섰다."

중앙로에서 모임이 있었던 날, 북초등학교 근처에 주차를 하고 학교 동쪽 담장을 끼고 걸어가고 있었다.

느닷없이 쉬파리 한 마리가 붕하고 날아오더니 내 이마를 치고 달아났다. 쓰레기 분리수거가 일상화되고 이전과 달리 주위에 갈아먹는 텃밭이 없으니 거름독도 없을 텐데, 길 잃은 쉬파리가 아닌가 하고 혼잣말을 했다.

우리가 학교에 다닐 때는 조금은 음산했던 교사와 달리 베이지색에 자주색 선이 정겹고 안온하다. 교문 동쪽에는 높낮이가 다른 철봉이 세워져 있다.

일제 때 그 자리에는 일본천황의 칙어를 봉안 안치하는 봉안전(奉安殿)이 있었다. 봉안전 울타리는 철재로 경계 표시를 했고, 입구에는 잠금장치가 있었다.

우리는 교문에 들어서자 경건한 마음으로 봉안전을 향해 머리 숙여 경례를 했다.

문득 내 이마를 치고 달아난 쉬파리와 봉안전…. 일본인 I교장 얼굴이 떠오른다.

천황의 탄생일이나 국가적인 기념일에는 교장이 읽는 칙어를 듣기 위해 전교생이 운동장에 정연히 줄을 지어 서 있어야 했다.

교장은 흰 장갑을 끼고 봉안전에 들어가 칙어를 얹은 흑색 쟁반을 양 손으로 받쳐 들고 황공한 자세로 교단으로 걸어온다.

우리는 숨소리조차 낼 수 없는 숙연하고 긴장된 분위기에 공포감마저 느끼며 묵도를 하고 있었다. 나는 기념일 묵도시간이 힘이 들고 괴로웠다. 고개를 숙이고 눈을 감고 있으면 심신이 굳어지며 평형감각을 잃어 어지럼증이 난다.

어쩔 수 없이 살며시 눈을 감고 실눈으로 내 발등을 보며 눈을 떴다 감았다 하면서 견디곤 했다.

일본 천황의 탄생일이었다. 묵도를 하다 호기심과 장난기가 일어나 칙어 쟁반을 들고 교단으로 걸어오는 I교장을 곁눈질로 슬쩍 봤다. 당당한 체격에 흐트러짐을 보이지 않던 그가 웬일인지 당혹스러운 얼굴을 하고 있었다.

쉬파리 한 마리가 그의 눈두덩에 앉아 있었던 것이다. 파리를 쫓으려고 눈을 감았다 뜨며 힘껏 눈꺼풀을 끔쩍거려 보지만 그 파리는 요지부동이 아닌가. 상기된 얼굴은 땀에 흠뻑 젖어 있었고 점점 홍당무처럼 붉어지고 있었다. 땀 냄새에 신이 났는지 쉬파리는 칙어 위에 잠시 날개를 내렸다가 눈두덩으로, 마치 장난을 치듯 그 짓을 되풀이하고 있는 것이다.

맛감각과 냄새 감각이 예민한 파리는 더듬이로 이리저리 얼굴을 만지작거리고 뾰쪽한 주둥이는 기름진 피부를 쏘거나 핥아 그것을 부지런히 저장하느라 바쁘며 쉬파리의 많은 잔털은 I 교장의 땀으로 촉촉한 얼굴을 간지럽히고 있을 것이다.

교장의 걸음걸이는 점점 빨라지고 있었다. 칙어쟁반을 한 손으로 들고 파리를 내쫓을 수도 있는데 그는 끝끝내 양 손으로 들고 교단으로 올라섰다.

공격이 끝났는지 교장의 머리 위를 한 바퀴 빙 놀더니 미련 없이 쉬파리는 날아 가버렸다. 칙어를 읽는 목소리는 떨고 있었다.

괘심한 쉬파리가 감히 칙어를 공격하다니 하고 그는 교장실에서 일본도를 꺼내들고 허공을 내려쳤을 것이다. 그는 군국주의자이자 국수주의자였던 것 같다. 일본이 제2차 세계대전 종전 직전에 학교를 떠났다. 중일사변 때 오른팔 관절을 부상한 그였지만 군속으로 지원해서 전쟁터로 출정했다고 들었다.

나는 지금도 어지럼증이 있어 묵념할 때 눈을 가느스름하게 떠서 내 발등을 보며 서 있곤 한다.

묵념은 말없이 조용히 생각에 잠기거나 고개를 숙여 경건하게 마음으로 비는 일이 아닌가. 반드시 눈을 감아야 되는 것은 아니며 또한 불경도 아니니까.

고혹(蠱惑)과 지네

"고혹의 고(蠱)는 '고혹할 고', '미혹케 할 고' 란 뜻인데, 벌레 세 마리가 그릇(皿)에 놓여있는 격이 아닌가. 음식을 담아 먹는 하얀 접시에 벌레가 버티고 있으니…."

중학교 때 일이다. 서점에서 책을 보고 있었다.

서너 명의 남학생들이 웅성거리며 서점으로 들어왔다. 마침 지나가던 여학생을 보더니 "저 애 예쁘지, 고혹스럽지 않냐." "고혹이 뭔데?" 하며 목소리를 낮추어 소곤거리고 있었다.

그 여학생은 우리 학교 선배였다. 노래를 잘 하는 그는 음역으로 봐서 메조 소프라노였던 것 같다. 큰 키에 적당한 코 높이, 쌍꺼풀이 깊은 큰 눈을 가진 그는 이국적이었다. 어깨를 펴고 걷는 모습은 자신에 차 있었으며, 노래를 부를 때는 오페라의 주역인 듯 당당했다.

그녀의 성숙한 몸짓과 화려한 용모는 남학생들에게는 인기가 있었는지 모르지만 공부 잘하는 선배를 좋아했던 나는 그 태도가 익숙지 않아 이질감이 있었다.

나는 고혹적이란 말은 매력적이라는 뜻으로 대충 알고 있었지만, 남학생이 말하던 고혹이란 단어가 매우 궁금했다.

한글 사전에 있는 고혹은 '남의 마음을 홀려 중용을 잃게 하는 것', '남을 꾀어 속임'이라고 써 있었다. 옥편에서 한자를 찾았다. 고혹의 고(蠱)는 '고혹할 고', '미혹케 할 고'란 뜻인데, 벌레 세 마리가 그릇(皿)에 놓여있는 격이 아닌가. 음식을 담아 먹는 하얀 접시에 벌레가 버티고 있으니…. 한자를 잘 모르던 나이라, 한자의 오묘한 조합에 크게 놀랐고 불쾌했다.

초등학교 시절 일본인 남자 선생이 일본어로 짐승 같은 놈, 버러지 같은 것이라며 남자아이에게 욕하는 것을 자주 봤다. 나쁜 짓을 하는 사람은 짐승이나 벌레 같은 사람이라고 생각했다.

그런 이유 때문인지 짐승과 벌레를 좋아하지 않았다. 그때만 해도 지천으로 볼 수 있었던 지네가 더욱 싫었다. 지네에게 물린 적은 없으나 지네에 물려 발이 퉁퉁 부은 아이를 업고 병원으로 뛰어가는 어머니를 본 적이 있다. 그 아이는 숨이 넘어갈 듯 찢어지는 소리를 내며 울고 있었다. 독이 몸에 퍼지면 죽을 수도 있다는 어른들의 말에 지네가 무서워졌다.

언젠가 독침을 뽑아 버린 지네를 가지고 놀고 있는 아이들을 보고 소름이 끼칠 만큼 보기 흉하고 끔찍했었던 일이 있었다. 지네에 물린 그 아이가 애처로워서 모든 지네의 독침을 없앨 수 있다면 하고 생각했다.

지네는 긴 몸뚱이가 여러 마디로 나뉘어져 있고 마디마디에 발이 있으며 기어가는 속도는 빠르다. 움직일 때는 마디와 발이 파도타기처럼 구물거리는 것을 보면 혐오감이 드는데 독액까지 뿜어대니 생각만 해도 기분이 나빠진다. 그래서 접시에 버티어 있는 세 마리 벌레를 지네로 보게 된 것 같다.

고질병(蠱疾病)은 정신을 혼란시키는 병이고, 두꺼비나 지네가 분비해 내는 독액을 고독(蠱毒)이라 해서일까, 나이가 든 지금도 '고(蠱)'자는 지네와 연관이 되어 거부감이 일어난다.

어릴 때 일을 떨쳐 버릴 수 없는 것은 어리석은 아집 때문일까. 아니면 소아병 증상일지도 모른다.

3

오월의 향

H군의 편지

"H군의 환한 얼굴이 미소 짓고 있다. "선생님" 하고 부르며 달려 올 것 같은 표정이다."

필요한 자료를 찾으려고 서랍을 뒤지다 빛이 바랜 편지봉투에 눈이 머물렀다. 경북 오지에서 교사 생활을 하던 제자 H군이 보낸 편지다. 오래된 편지였지만 막 받은 듯 반가웠다. H군은 의욕과 정열만으로 교육계에 뛰어들어 천방지축이던 나에게 교육이 무엇인가를 깨닫게 해준 제자 중의 한 사람이다.

사범학교 교사 시절 나는 학교 뒷동산에 자주 올랐었다. 바다가 하늘에 맞닿아 있으면서도 손에 잡힐 듯 가깝게 다가서는 곳, 똑딱선과 돛단배가 고기잡이 나가는 것도 볼 수가 있었다. 바람이 불면 풍향 따라 바다의 빛깔이 바뀌는 변화무쌍한 망망대해, 학생들은 그 바다를 보며 꿈을 가꾸고 이상을 키우고 있었다.

어느 날 수업이 끝난 뒤 쪽빛 바다를 스치며 불어오는 바람에 유혹이 되어 뒷동산에 올라갔다. 그날도 마침 H군은 잔디 위에 누워 책을 읽고 있었다. 내가 다가서자 놀란 듯 일어서더니 미소 지으며 절을 하고는 그냥 가려고 한다. 나는 짐짓 그를 붙들어 앉혀 놓고 독서야말로 영혼을 살찌우는 일이라고 몇 마디 이르곤 내려왔다.

그로부터 며칠 후 그가 집으로 찾아왔다. 조금 어색한 듯 얼굴을 붉히며 앉아 있었다. 나는 분위기를 풀기 위해 졸업 후의 진로에 대한 말을 꺼냈다. 대학을 가야 하는 이유를 장황하게 늘어놓은 것이다. H군은 웃기만할 뿐 말이 없었다. 내가 하는 말을 듣는 그 자체를 즐기는 듯한 표정이었다. 그가 돌아간 뒤에 나는 기분이 언짢아졌다. 사범학교는 교사를 양성하는 기관인데, 진학의 중요성만을 강조했을 뿐 아니라 어려운 가정형편은 고려하지 않았으니 딱한 선생이란 생각이 든 것이다.

나에게 또 하나의 실패담이 있다. 언젠가 보강시간의 일이다. 붓으로 그린 듯 촘촘한 눈썹을 가진 C군이 눈을 몇 번이나 깜박이며 나에게 윙크를 하는 것이 아닌가. 무례하다는 느낌을 받은 나는 담임선생에게 그 사실을 알렸고 그 학생은 엄하게 벌을 받았다. 젊은 여선생에 대한 호기심과 선망쯤으로 가볍게 여길 수도 있었을 텐데 그러지 못하고 벌을 받게 했으니, 그 학생을 대범하게 보아 넘기지 못한 내가 안타까웠던 기억이 어제인 듯 선하다.

햇살이 따사로운 어느 날, 학생들의 신체검사가 있었다. 체질검사는 교의가 맡았다. 청진기로 가슴과 등을 몇 번 찍어 보는 지극히 형식적인 검진이었지만 여학생들은 가슴을 드러내고 진찰을 받는 것을 매우 거북해 했다. 줄지어 서서 서로 먼저 들어가라고 떠미는 모습이 내겐 귀엽게 보였다.

체격검사는 교사들의 몫이었다. 여학생을 맡게 된 나는 애들이 모여 있는 과학실로 갔다. 아이들은 엷은 내의를 입고 팔과 손으로 가슴을 가리고 뒤돌아 서 있었다. 빛을 등진 아이들, 하얀 목덜미에서 어깨로 흐르는 부드러운 곡선은 여성인 내가 보기에도 신선하고 아름다웠다.

체격검사가 시작되었다. 하얀 얼굴에 수줍은 듯 번지는 미소, 봉긋이 솟아오른 가슴, 청순한 소녀들이 풍기는 싱그러움으로 하여 줄자를 잡고 가슴둘레를 재는 시간 내내 나의 가슴엔 기쁨이 가득 찼다. 즐거운 마음으로 체격검사를 마치고 잠시 의자에 앉아 한숨 돌리려고 하는데 노크소리와 함께 급히 들어오는 남학생, 윗도리를 벗은 H군이었다. 운동을 하다 검사시간을 놓쳤는데 담당선생님은 이미 외출해 버려 이곳으로 왔노라 한다.

딱 벌어진 어깨를 약간 뒤로 젖히고 당당하게 가슴을 내미는 H군, 땀 냄새와 사춘기를 넘어선 남자 특유의 체취가 코끝을 스친다. 어린아이처럼 맑은 눈과 웃는 얼굴이 천진스러운 학생이었는데 벗은 모습은 어른이 아닌가.

순간 당황해서 일어선다는 것이 의자를 넘어뜨리고 말았다. 태연한 듯 자세를 바로잡아 가슴둘레를 재고 돌려보내기는 했지만 마음이 개운치가 않았다. 여학생이나 남학생이나 똑같은 학생인데 남학생을 대함이 자연스럽지 못했으니 H군의 눈에 내 모습이 어떻게 비쳤을까가 염려 되었다. 특히 인체생리학을 담당하는 교사였으니 말이다.

이제 생각해 보면 수업 중에 윙크를 보낸 C군이나, 윗도리를 홀랑 벗고 체격검사를 받겠다고 여선생을 찾아온 H군이나 나를 이성으로 인식한 행위였는데도 차별을 두었으니 설익은 교사의 모습이 스스로 웃음을 자아내게 한다.

선생으로서의 나를 돌아보게 하는 제자들, H군은 졸업 후에도 각별히 내게 관심을 보였다. 외지인 경북으로 발령되어 갔던 그는 때로 편지를 보내 왔다. 그곳 생활환경이 무척 열악하다는 이야기며 최선을 다해 사도의 길을 걷겠다는 각오도 밝혔다. 스승에 대한 예의를 갖추면서 정감이 흐르는 그 편지엔 사모의 마음도 담겨 있는 듯 하니 내심 흐뭇했다.

새삼 그 시절이 그리움으로 다가온다. 그는 지금쯤 초로의 나이가 되었을 것이다. 그러나 그런 모습이 상상되지 않는다. H군의 목소리라도 듣고 싶어 편지 말미에 적힌 전화번호를 보며 수화기를 들었다가 내려놓는다. 10대의 천진난만한 학생으로 기억해 두는 것이 아름다울 것 같아서다.

빛바랜 편지를 들여다본다. H군의 환한 얼굴이 미소 짓고 있다. 당당한 체구도 선명히 보인다. "선생님" 하고 부르며 달려올 것 같은 표정이다.

나는 길치야

"치유가 안 된다는 음치가 치유되었으니 침착하게 길을 찾는 노력을 해봐야 하겠다."

요즘 생소한 낱말과 신조어가 대중매체를 통해 하루가 다르게 쏟아져 나온다. 낱말이 전혀 다른 의미로 쓰여지고 사전에 없는 용어가 많아 당혹스럽기까지 하다. 생활의 모든 영역에서 생산되어가는 신조어를 바로 감지 못할 때 낙오자가 된 듯 한 느낌마저 들 때가 있다.

음치는 음정이나 박자를 잘 분별 못하는 사람을 말하는 것인데, 그 말에서 유래된 것인지 길치, 기계치, 전기치, 손치라고 하며 어리석고 서툴다는 의미로 쓰여 지는 신조어들이 만만치 않게 회자된다.

나는 어릴 때부터 길을 찾아가는 감각이 둔했던 것 같다.

얼마 전 일이다. 모임이 끝날 때 쯤 해서 총무가 다음 달 모임 장소를 알려주고 있었는데 장소가 애매해서 주차장이 있는지, 근처의 큰 건물 이름이 무엇이냐며 주고받는 말이 길어졌다. 바로 옆에 앉아 있던 후배가 "십 년 후의 나를 보는 것 같다."라고 했다.

허물없는 사이라 아무렇지 않게 "응, 그래 나는 길치야"라고 했지만 그날 밤 기분이 언짢아서 잠을 설쳤다.

한 번 찾아갔던 음식점이 평면간판이 돌출간판으로 되어 있거나 출입문 디자인이 바뀌어 있으면 당황하기 시작한다. 상호를 확인하기 전에 외형만을 보기 때문이다. 바로 건물 옆에 있었던 주차장이 건물 뒤쪽으로 옮겨 있으면 그 집이 아닌가 싶어 마음이 급해진다. 좁은 길이 넓은 신작로가 되고 막혔던 길이 트여 있으면 거리감각을 잃어버린다.

어릴 때 어머니와 외출하려는데 버선발이 예쁜 어머니가 신은 버선등의 솔기가 비틀어진 것을 보고 어머니가 휘청걸음을 할 것 같아 불안했었던 기억이 지금도 선하다. 눈썰미와 귀썰미가 있다는 말을 주위에서 자주 듣곤 했는데 길치라니 나 자신이 납득이 안 된다.

이웃 동네에 살던 여자가 일곱 음계를 읽을 때 엉뚱한 음을 내는 그를 사람들이 손뼉을 치며 재미있어 하는 것이 딱하고 민망스러웠다. 자극을 받은 그는 매일같이 노래연습을 하고 극성으로 교정을 받더니 음에 대한 감각이 살아났다. 지금은 노래방을 달고 산다며 노래를 부를 수 있게 되어 행복하다고 했다.

나는 작은 단추가 줄줄이 달려 있는 블라우스를 좋아하지 않는다. 작은 구멍에 단추를 채우는 것이 귀찮기도 하지만 손맥이 풀리는 것 같아 약이 오른다. 세 번째의 단추부터는 손가락이 길을 찾아 헤매는 것 같은 느낌이 들어 다른 옷으로 갈아입게 된다.

성이 급해 느긋함이 부족한 탓일까. 어릴 때부터 생소한 것에 심하게 낯을 가렸고, 몸과 마음에 부담이 되는 것은 애써 피하고 잊으려고 하던 심성과 무관치 않을 것이다.

치유가 안 된다는 음치가 치유되었으니 침착하게 길을 찾는 노력을 해 봐야 하겠다.

나이가 들어 뻔뻔해진 걸까. 아무렇지 않게 "나는 길치야"라고 말했던 것은 자조 섞인 푸념이 아닌가….

초대장

"어머니는 창피할 때나 멋쩍고 쑥스러울 때는 부끄럽다는 말로 표현하는데 그 표정은 늘 소녀 같아 보였다."

마을복지회관에서 초대장이 왔다.

마을복지회관 건립 2주년 기념식과 노인 어르신들이 유쾌한 하루가 될 수 있는 경로잔치에 참여하여 자리를 빛내주길 바란다는 내용이었다.

처음 받아 본 경로잔치 초대장이라 나도 모르게 가슴이 덜렁 내려앉았다. 마치 나쁜 짓을 하다 들킨 것처럼 쑥스럽고 어색했다.

한동안 노인학교에서 강의를 한 적이 있었다.

어느 날 강의실 맨 앞줄에 짙은 화장을 하고 몸에 꼭 끼는 화려한 꽃무늬 스웨터를 입은 여자가 앉아 있었다. 꺼리거나 어려워하지 않는 태도는 어쩌면 젊음을 과시하는 것처럼 느껴졌다. 그 여자의 모양새는 오리가 홰 탄 것 같아 분위기에 썩 어울리지 않았다.

노인들이 젊은 여자를 힐긋힐긋 쳐다보거나 고개를 갸웃거리며 소곤대는 소리도 들렸다. 강의실 공기가 갑자기 달라졌다. 강의시간 내내 그녀의 젊음이 부담스러워 떫은 감씹은 듯했던 기억이 있었다. 경로잔치 초대장 역시 떨떠름한 기분이었다.

70이 지나자, 어머니는 여성단체 회장직을 내놓으셨다. 남동생이 호주로 가게 되어 우리 집으로 옮겨 오셨다.

아침 일찍 약국으로 출근하고 밤늦게 귀가하는 형편이라 어머니보다 나이가 아래인 말동무 할머니를 함께 집에 계시도록 했다.

신문을 하루도 빠짐없이 사설부터 광고까지 읽으시고 정원에 있는 나무와 꽃들을 돌보며 어린 아이처럼 만지고 다독거리며 꽃과 대화를 하는 것이 어머니의 일과였다.

육지가 고향인 도우미 할머니는 세상물정도 모르는 순박한 분이었다.

어느 날 도우미 할머니에게 어머니는 "이 꽃은 무슨 꽃이요." 했더니 "빨강 꽃이요." "저 꽃은요." 하면 "흰 꽃이요."라고 대답을 했다.

정전이 되어 깜깜한 밤에 두 분이 앉아 있었는데, 전기가 켜지자 반가워서 어머니는 "에디슨님 감사합니다."라고 했더니 "그 사람이 전기 고쳤나요."라고 했다며 어머니는 말동무는 안 되겠다고 하셨다.

이런저런 궁리 끝에 동네 노인정에 나가보시면 하고, 조심스럽게 말씀을 드렸다. 어머니는 손뼉 장단을 치는 것이 부끄럽고 춤도 출 수도 없으니 가기 싫다고 하셨다. 어머니는 창피할 때나 멋쩍고 쑥스러울 때는 부끄럽다는 말로 표현하는데 그 표정은 늘 소녀 같아 보였다.

젊었을 때 노인정에 가서 봉사도 하고, 위문도 하던 곳이니 가보시라고 여러 번 권했지만 불편한 표정으로 내가 왜 거기에 가느냐고 하셨다.

일흔이 되어서는 마음 내키는 대로 살아도 상궤에 벗어나지 않는다는 공자의 말을 인용하면서 마음이 편한 곳이 명당이라고도 하셨다.

어머니는 노인들을 보며 심신이 노주해 가는 사신을 재확인하는 것이 두려웠고, 할아버지와 할머니들이 어울리는 것에 대한 편견과 관습의 변화를 받아들이지 못했던 것이 아닐까.

갑작스레 경로잔치 초대장을 받아 쑥스럽고 어색했으며 뒷맛이 떫은 것은 늙음을 인정하고 싶지 않아 억지를 부림이 아닌가. 영락없는 노인인 것을.

만화「신의 물방울」

"오감을 충만케 하는 와인을 혀 위에서 빨강 사탕을 굴리며 빨아 먹는 느낌으로 천천히 넘길 때 일어나는 감흥이 정녕 예술이 아닐까."

어머니 제삿날 제를 끝내고 형제들이 모여 앉아 음복하느라 잔을 주고받으며 화기가 가득하다.

올케가 와인과 와인 잔을 식탁 위에 내놓으며 좋은 와인이라 했다.

날씬한 여성적인 곡선인 와인 병에서 부어진 진보랏빛 와인을 혀에 얹어 굴리며 조금씩 넘기고 있었다.

소주 마실 때 분위기와는 달리 좌중 화제가 자연스레 와인 이야기로 모아졌다. 포도를 발효 숙성시켜 만든 와인은 심장병 발생을 감소하고 혈관계 질환 예방에도 효과가 있다고 알려지자 웰빙 바람을 타고 와인을 즐기는 사람들이 급증하고 있다고 한다.

제부가 요즘 와인 만화가 나왔는데, 볼만하니 읽어 보라고 했다.

일본 작가가 쓴 「신의 물방울」이란 제목이 환상적이고 신선하게 느껴져서 제주에 내려오자 서점으로 갔는데, 「신의 물방울」이란 만화가 11권까지 나와 있었다. 앞으로 계속 연재로 나올 것 같다고 서점 직원이 말한다. 중학생이 된 이후 만화를 읽어 본 적이 없는 나는 어른이 무슨 만화를 하는 생각이 들어 쑥스러워 하면서도 1, 2권을 구입했다.

어릴 때 처음 본 만화는 글이 없고 그림만으로 된 것이었다. 거의 동물 만화였는데 주인공의 얼굴 모양과 거동이 과장되거나 익살스럽고 간명하게 그려진 그림만화를 보며 혼사서 끼득끼득 웃었던 기억이 있다.

학교에 입학하고 글을 알기 시작하자 하루 종일 만화를 읽곤 했다. 신이 나서 읽었던 만화는 들개가 주인공인 일본 만화였다. 일본군대 소속으로 계급이 오장(하사관)인 검은 들개는 눈치가 빠르고 부지런하기까지 해서 같은 부대 내 군인들에게 사랑을 받았다. 시꺼먼 털보 들개가 카키색 군복이 잘 어울렸고 계급장이 유난히 돋보였으며 웃는 얼굴은 친근감이 넘쳤다. 오장에서 군소(중사)로 진급하기도 한 충견이고 의견인 검은 들개는 인간보다 더 찬찬하고 세밀하여 정감을 일으키게 했다.

해방 직전 전쟁이 막바지에 이르렀을 때 미국 대통령 루즈벨트와 영국 수상 처칠의 캐리커처를 그려 놓고 남자아이들이 격멸하자 짐승 같은 인간이라고 소리를 지르며 밟는 것을 본적이 있다. 루즈벨트 대통령의 긴 얼굴에 유난히 높은 코를 강조했고 전세가 불리하다는 뜻인지 양 볼은 밤을 문 것처럼 부어 있었다. 처칠 수상은 얼굴의 반은 이마였고, 입은 좌우로 째져 있는 것이 바보처럼 보였다. 그들의 머리에는 뿔이 있어 도깨비처럼 험상궂은 모습이었다.

얼마 전 1990년도에 나온 일본 만화책 『인사고과입문(人事考課入門)』을 볼 기회가 있었다. 직장인들이 사회에서 어떻게 살아가야 할 것인가에 대한 행동 기준을 제시하고 사람의 능력을 극대화하는 데 필요한 핸드북이었다.

일본은 전문적인 직업 만화가 많다고 하지만 인사관리 같은 딱딱한 테마를 가지고 만화로 도전한 것은 합리적이고 능률적인 일본의 산업지향성에 맞는 취향이라고 생각했다.

만화 「신의 물방울」에 나오는 주인공은 술에 대한 지식이라고는 맥주 밖에 모르는 청년이다. 레스토랑에서 일을 하면서 와인 표현과 시음 능력을 가지게 되고 와인 전문가가 되어가는 이야기였다

작가 다다시 아기는 와인은 순수한 술이 아니라고 했으며, 와인이 가진 심오한 세계가 좀 더 알고 싶어 와인을 사고 마시며 조사하다, 언제부터인가 와인의 포로가 돼 있었다고 했다.

와인은 향, 색깔, 맛 등을 통해 품종, 이름, 생산 연도를 알아야 그 진미를 알게 된다고 한다.

만화박사 임청산 교수는 만화 한 컷에도 시만큼의 깊은 세계가 있으며, 판타지아가 있는 예술이라고 했다.

와인 컵을 매체로 미색 액체의 촉감, 루비와 수정을 녹인 듯

빛이 나는 색조, 고급스럽고 신선한 향이 코를 간지럽히는 홍분이 오감을 충만케 하는 와인을 혀 위에서 빨강 사탕을 굴리며 빨아 먹는 느낌으로 천천히 넘길 때 일어나는 감흥이 정녕 예술이 아닐까.

와인이 자아내는 진하고 부드러운 농익은 맛과 고급스럽고 환상적인 분위기를 즐긴다. 와인은 바라보는 것만으로도 흐뭇하다.

남자보다 낫다는 대련 여성들

"대련 여성들은 강한 지도력과 지혜로운 기상을 가지고 있는 뛰어난 여성들이라는 평을 받는다고 한다."

중국 북동부 요동반도에 위치한 대련시(제2차 세계대전 후 대련시와 여순시의 2개시가 통합하여 여대시가 되었다)에 가는 기내에서 문득 초등학교 지리 시간에 칠판에 붙어 있던 그림이 생각났다.

요동반도 끝자락에 일본 해군기 2개가 나란히 꽂혀 있었다. 중국의 여순과 대련이었다. 일본이 점령한 여순에 군항을 건설했고, 대련에는 거대한 땅을 횡단하는 남만주 철도회사를 건설했다고 했다.

마치 자기의 전승물인 양 어깨를 으쓱대던 일본인 선생이 떠올랐다.

대련은 한 시간 남짓한 바로 이웃에 있었다. 대련시가는 공산주의 국가에서 볼 수 있듯이 거대한 건물들이 줄지어 서 있었다. 길은 넉넉하고 힘차게 뻗어 있었고, 길 양쪽으로 무성한 오동나무와 군데군데 나무 그늘이 만들어져 있는 것이 한결 운치가 있어 보였다. 유럽풍의 베이지색 건물에 창문과 지붕 가장자리는 밝은 갈색으로 둘러져 있어 현대적인 감각의 건물들이 멋스러웠다.

우리 일행은 제주와 대련이 여성 대표자 간의 여성정책 교류와 국제자유도시로 성공한 대련 복지시설과 여성 취업 실태를 보기 위한 3박 4일의 짧은 방문이었다.

대련 여성대표들은 훤칠한 키에 넉넉한 체격, 가벼운 화장에 윤기 있는 피부를 가지고 있었으며, 세련된 곤색 정상이 잘 어울렸다.

대련의 여성단체는 민간단체가 아니라 여성정책을 수립하고 관장하며 정책을 추진하는 시청 공무원이었다.

전문직 기능직에 따라 많은 여성단체가 있고, 단체 간에 유대가 원활해 훌륭한 정책도 여기에서 나온다고 한다. 이들은 자신감이 넘쳤고, 자기 일에 자부심을 갖고 있었다. 대련 여성들이 그런 당당함이 어디에서 나온 것일까 매우 궁금했다.

대련시는 직장에서의 보호, 군인가족은 구조조정이 없고 부녀생육보호가 있으며 정치에 일정 수 참여할 수 있는 여성 배려를 한 여성보호법이 있었다. 취업인구의 절반을 여성들이 차지하는데 기여하도록 법이 몫을 하고 있다고 한다.

중국에서는 '여자가 남자보다 낫다', '여자가 반이다'라는 말이 있다고 한다. 중국에서는 오래전부터 여자아이에게 행해진 전족

(纏足)이라는 기이한 풍습이 있었는데 금지령이 나오기도 했고, 그 후 세력이 막강했던 서태후의 금지령에도 성공하지 못했다고 한다. 하지만 민국에 들어와서 여성운동에 의해 적극적인 전족 해방운동을 펼쳐 끝내 전족에서 해방이 되었다는 것이다.

특히 대련 여성들은 강한 지도력과 지혜로운 기상을 가지고 있는 뛰어난 여성들이라는 평을 받는다고 한다.

대련의 상급 공무원들은 하급 공무원들에게 필요 이상의 대우를 받으려 하지 않는다는 것을 여러 곳에서 볼 수 있었다.

우리 일행을 만찬에 초대했던 날이었다. 대련부녀연합회 주석(회장)이 만찬장으로 들어오자 우리 일행과 동행했던 젊은 공무원이 예의상 주석의 코트를 받으려 하자, 미소 띤 얼굴로 겸손하게 사양을 하더니 어깨를 펴고 자신 만만한 걸음으로 꽤나 거리가 있는 옷걸이 쪽으로 걸어가는 것이다. 철저한 군대식 계급사회일 것이라고 생각했던 나는 한대 얻어맞은 듯 충격을 받았다.

얼마 전까지만 해도 우리는 상관의 사적 관혼상제에 가서 자질구레한 일을 도와주는 것이 관례처럼 되어 있던 것과는 너무나 달랐다. 일제 때 일본 관리들이 통치를 위해 권위적인 잔재가 공무원 사회에 남아 있었던 것이 아닌가 하는 생각을 해본다.

국제도시인 대련에서 아쉬웠던 것은 백화점이나 서비스업에 종사하는 사람들이 외국어를 쓰지 않았고, 그래서 외국인들이 상품 가격이나 길 안내를 묻는 짧은 말도 통하지 않았다.

대련은 40여 년 간의 일본 통치를 받았고 세계적인 공통어로 쓰이는 영어가 통하지 않는 것은 자존심 강한 프랑스인이 한때 영어를 못 알아듣는 척 했었다는 맥락과 같은 것일까.

대련 여성들은 대륙적인 성품으로 포용력도 있었지만 직업에 대한 자부심이 강했다. 그들은 여자에게 잠재되어 있는 재능과 지혜가 있음을 우리에게 깨닫게 해 주었다.

우리도 여자가 남자보다 낫다는 말을 들을 수 있었으면 하는 희망을 갖고 귀로에 올랐다.

대련은 다시 방문하고 싶은 기분 좋은 밝은 도시였다.

앙코르 유적지와 원 달러

"흠잡을 데 없는 건축미를 뽐내며 당당하게 서 있는 석조건축물에서 앙코르 왕조의 전성기를 짐작할 수 있었다."

햇볕이 내려 쬐는 캄보디아 국경 마을 포이펫은 건기여서일까, 수목과 사람들은 생기가 없어 보였다.

우리 일행은 녹음을 찾아 삼삼오오 모여 앉아 있었다. 입국수속을 하는데 적지 않는 시간을 기다려야 하기 때문이다. 광장에는 여행자와 상인들이 북적거리고 있었다. 여행자를 상대로 장사하는 현지인들은 만듦새가 변변치 못한 상품을 손에 들거나 어깨에 잔뜩 멘 사람, 허름한 손수레에 싣고 서성거리는 사람, 모두가 무뚝뚝한 표정으로 말도 없이 여행자에게 다가선다.

키는 작은 편이며 피부는 황갈색이라 하나 거의 흑색에 가깝다. 유순한 곱슬머리, 입술선이 새김질한 것처럼 선명하고 도톰하며 큰 눈은 힘이 없어 보이나 검은 눈동자는 깊고 빛은 강했다.

일순간에 예닐곱 살쯤 되는 어린이들이 주위에 모여들었다. 몇 아이는 태어나서 두세 달쯤 되는 채 눈도 뜨지 않은 젖먹이를 안고 손에 원 달러 몇 장을 내보이며 구걸한다. 폐품이나 다름없는 손수레에 누워 있는 장애아에게 눈길을 주자 옆에 있던 아이가 "원 달러" 하며 손을 내밀었다.

전쟁으로 부상하기도 했지만 아직도 여기저기 묻혀 있는 지뢰를 밟아 지체장애가 된 아이들이 많다고 한다. 한 아이에게 원 달러를 주면 2, 30명이 달려들어 "원 달러" 하며 끈질기게 따라 붙는다.

6・25 전후 서울 거리에도 구걸하는 어린이가 많았다. 밋부린 부녀자에게 흙을 묻힌 손을 휘두르며 곤욕스럽게 따라다니곤 했으나, 젖먹이와 지체장애 어린이까지 데리고 다니며 구걸하지는 않았다.

포이펫 마을을 출발하여 세계적 문화유산지이며 세계 7대 불가사의 유적이 있는 씨엠립으로 가는 동안은 기대감으로 흥분도 있었지만 수많은 영양실조 어린이가 구걸하는 모습은 마음을 어둡게 했다.

짙은 녹색의 삼림과 조화를 이룬 유서 깊은 유적은 절로 탄성이 터져 나왔다. 누가 어떻게 무엇을 위해 아시아의 피라미드를 세웠을까.

흠잡을 데 없는 건축미를 뽐내며 당당하게 서 있는 석조건축물에서 앙코르 왕조의 전성기를 짐작할 수 있었다. 그 시대의 사람들의 강렬한 신앙심과 열광적인 창조력을 보며 캄보디아의

앞날이 희망적이라고 생각했다.

석조건축물 왕궁, 신전, 사원, 탑은 섬세하고 우아했다. 기둥과 창문에 조각되어 있는 당초문은 세련되고 멋스러웠다. 벽에는 주신의 초상화, 신화의 장면 등 뚜렷한 주제를 가지고 조각되어 있었다. 기둥과 벽에 이어진 양각의 조각(浮上彫)에는 엷은 옷을 입고 춤추는 선녀의 모습과 머리 빗는 여신의 그림에 나도 모르게 신화 속으로 몰입되어 가고 있었다.

장식을 목적으로 했던 게 아니라 종교적, 정치적 의도를 강조한 기록적인 것이 많았다.

국왕의 조각은 전지전능한 신의 지위를 표현했고, 특히 앙코르왓 본채의 양옆으로 둔 회랑(回廊)은 부각의 문양이 독특했으며 힌두교의 신화와 왕의 전승을 기리는 7백 60미터나 되는 그림은 경이로웠다. 왕을 신격화한 절대 권력이 만들어낸 문화유산이다. 작열하는 태양과 풍부한 물은 신이 내린 하사품이었다.

논에 씨만 뿌려 놓으면 우기가 지나자 황금색의 이삭으로 옹골지게 꽉 차고 흙탕물에 바구니를 넣었다 건지면 많은 고기가 잡혔다. 우기의 호수는 물이 넘쳐 홍수가 일어나 삼림을 잠기게 한다. 물이 빠지면 비옥한 토양으로 남겨지고, 수목의 뿌리에서 나오는 교질용액이 고기의 먹이가 되며 물고기는 사람에게 최고의 단백질 공급원이 되었다.

자연의 은혜로움을 받은 이곳에서 자연은 신앙까지도 파괴하는 맹위를 볼 수 있었다. 복구를 포기한 타프롬 사원이다.

열대나무(스폰) 특유의 거대한 나무가 나무 둘레보다 더 큰 뿌리를 땅에 내리고 탑과 성벽을 휘감아 있으며 큰 암석까지도 숨통을 조이고 있다. 수십 미터나 되는 뿌리가 서리어 얽혀 밧줄로 동여맨 듯 석조건물을 비틀며 파괴하고 있다. 소리 없이 계속되는 자연의 힘은 기괴천만이랄까, 신비롭다고 하기보다 두려운 생각이 들었다. 천년 동안 자연과 인간의 투쟁은 계속되었고 파괴되고 있었다.

갈수기의 스무 배나 된다는 풍수기의 틀레삽 호수에는 황토색 물 위에 떠 있는 수많은 배들이 물결 따라 춤추듯 흔들리는 멋, 화살 모양의 그물로 고기잡이하는 풍경, 호수 주위에 있던 울창한 숲들이 황토색 물에 잠겨 있고 바다처럼 큰 물결이 이는 것, 하나의 풍경화가 아닌가.

수세기 동안 주변국에게 당한 억압과 13년간의 내전은 어린이들을 거리로 내몰리게 했다. 가난과 굶주림은 어린이들을 원 달러 상품으로 만들었다면 지나친 표현일까. 그 아이들을 보며 그들의 미래가 행복하길 빌어 본다.

수많은 캄보디아인의 삶은 지탱하고 있는 흡사 바다인 듯 넓은 틀레삽 호수, 그곳으로 잠기는 낙조의 장관을 하늘에서 보고 싶다.

5월의 향

"분수없던 내 모습이 이 신부와 무엇이 다르랴 하는 생각에 웃음이 터져 나왔다. 신부도 작은 입을 벌리고 따라 웃었다."

새벽녘에 내린 비로 미세한 먼지까지도 씻겨진 걸까. 신선한 공기가 달게 느껴지는 5월 아침이다.

친구와 약속이 있어 호텔 로비에 앉아 있었다. 산뜻하게 모양을 낸 신혼부부들이 관광버스를 기다리며 자연스럽게 사랑의 몸짓을 하고 있었다. 살짝 볼을 만지거나 어깨에 손을 얹고 서로 눈 맞춤 하는 모습이 예쁘기만 하다.

몇 년 전 만났던 어린이처럼 입이 작은 신부 얼굴이 떠올랐다.

약국 문에 비켜서서 안을 들여다보고 있는 젊은 여자가 있었다. 은밀한 상담을 하려는 사람들은 약국 앞을 오가며 서성거리는 것을 자주 봤던 터라 그녀와 눈이 마주칠 때까지 기다렸다.

마음이 결정된 듯 문안으로 들어 왔고 동행한 남자는 길 건너편에 서 있었다. 어제 결혼한 신혼부부였는데, 신방을 치른 후 출혈이 없어 큰 충격을 받은 것이었다. 신랑은 말수가 적어졌고 얼굴이 굳어 보였다. 당황한 신부는 병원에 가서 상담해 보자고 했으나 그는 아무 대답이 없었다. 한참 뒤 밖으로 나가자며 앞장서더니 여 약국장을 찾아 여기까지 왔다는 것이다.

신부의 충격과 수치심을 덜어주기 위해 그림을 보여주며 천천히 설명했다. 처녀막은 첫 번째 성교에서 반드시 파개(破開)되는 것으로 알고 있지만 강도가 높은 운동으로도 파개가 되거나 성교 아닌 이유로 파열될 수 있다는 것을 예를 들며 설명했다.

막은 매우 엷지만 엷고 두꺼움은 개인차가 있고 민족의 차도 있으니 처녀막으로 처녀성을 결정한다는 것은 무지의 탓이며 현대에 사는 문명인이 아니라고 했다.

분위기와 이해를 돕기 위해 중학교 때 무용반에서 있었던 일을 말해주었다. 무용반 첫 수업이 있던 날 몸풀기 운동으로 양다리를 힘껏 벌리는 스트레칭을 하고 있었다. 같이 스트레칭 하던 선배가 툭 치며 나가자는 시늉을 하기에 따라 나섰다.

선배는 저런 심한 운동을 하면 처녀막이 파열되어 이담에 남편에게 소박을 맞는다고 했다. 누구에게 물어 보거나 말해도 안 된다는 의미인지 내 어깨를 꽉 잡고 흔들며 "응, 알았지." 하고는 나에게 선심을 베푼 듯 당당하게 무용반을 떠났다. 한동안 그 뜻을 모른 채 불안해 하다가 나 역시 무용반에서 나오고 말았다는 얘기를 했다.

분수없던 내 모습이 이 신부와 무엇이 다르랴 하는 생각에 웃음이 터져 나왔다. 신부도 작은 입을 벌리고 따라 웃었다.

자신감이 생겼는지 얼굴에 생기가 돌며 눈에는 눈물이 배었다. 변명 아닌 변명을 할 수 없었던 괴로움에서 벗어난 안도의 눈물이었을 것이다. 결혼 첫날 여자들에게만 이런 고충을 겪어야 하는지, 순간 미묘한 감정이 가슴을 메웠다.

남자친구나 남동생이 생리대 심부름하는 것을 보며 격세감을 느낀 적도 있었으나 요즘 청소년의 성문화는 열려 있으니 스스로 성을 배우고 깨달으며 건강하게 살아가는 그들에게는 축복받아야 할 인생 최고의 날, 그 신부처럼 황당한 일은 일어나지 않을 것이다.

다음날 그 신부는 나에게 꽃다발을 안겨 주었고 신랑은 숫기가 없는지 어제 서 있었던 그 자리에서 나에게 인사를 하고는 여느 신혼부부처럼 다정하게 걸어갔다.

그들에게 기쁨을 주었으니 나는 더 행복했다.

신부가 든 부케에서 그 신부가 주고 간 꽃과 같은 5월의 향을 맡는다.

북으로 간 자야

"눈이 부시도록 아름다운 봄볕 때문이었을까. 아니면 죄어오는 심문으로 내리와 가슴이 공동화되어 버린 탓일까."

북에 살고 있는 자야가 보고 싶다.

얼마 전 중학 동창인 H가 금강산에서 가족 상봉을 했다고 한다. 서울에서 간호학교를 다녔던 그는 6·25 전쟁 때 동원되어 인민군 부상병을 돌보다 경황망조(驚惶罔措)한 처지에 그들과 묻혀서 북으로 갔다.

그러나 나와 가장 친한 자야는 스스로 북을 선택해서 갔다.

중학 입학식 날 자야를 처음 알게 되었다. 해방 후 자야는 일본에서 어머니의 고향 제주에 온 아이였다. 우리말이 서툴러 늘 불편해 보였다. 거기에 일본 억양까지 심한 그를 짓궂은 친구가 흉내를 내면 따라 웃기도 했지만 나는 그를 좋아했다.

조국이 일본 식민지였음을 뒤늦게 알게 된 그는 일본을 원망했고 싫어했다. 처음 찾은 조국과 고향 제주를 누구보다 사랑했다.

워낙 책이 귀한 때라 나는 어른들이 읽었던 버려진 일본소설을 뒤적여 보기도 했지만 자야는 들여다보지도 않았다. 해득하지 못하는 낱말을 일본어로 의미 풀이를 해주면 눈을 굴리며 머뭇거리다가 반드시 우리말로 되묻곤 해서 나를 무색하게 만들곤 했다.

우리 집에 처음 찾아왔던 날 하얀 저고리에 검정 통치마 차림으로 현관에 서 있는 그의 청아한 모습에 섬짓했다. 눈은 큰 편이었고 오뚝한 코끝이 굽은 듯해 한 눈에 고집스러워 보였다. 쭉쭉 늘어진 단발머리는 금방 가위질로 다듬은 듯 정갈했다. 그날, 물상을 좋아했던 우리는 과학자가 되자고 굳게 약속을 했다. 중학 1학년 봄에 시위에 가담했던 나와 자야는 몇몇 친구들과 연행되어 경찰에서 조사를 받게 되었다. 동맹휴학 선동과 삐라(전단)살포 사건을 남학생과 연계하여 추궁을 했지만 우리는 모르는 일이었다.

조사 성과가 없자 마침내 우리들의 공부방을 수색했고, 한 여학생 책상 서랍에서 연애편지가 나왔다고 했다. 그 편지가 빌미가 되어 심한 곤욕을 치렀다. 하라는 공부는 안 하고 쪼그만 것들이 연애질이나 하고, 입만 살아가지고, "이 빨갱이들" 하며 목청껏 떠들어 대는 것이다.

빨갱이란 말이 욕지거리로 들려 나는 몹시 기분이 나쁘고 화가 났다.

"아저씨 빨갱이, 빨갱이라고 하는데요. 아저씨는 노랭이예요? 왜 색깔로 사람을 말해요!"

조사관은 갑자기 노발대발하며 가죽 회초리로 마룻바닥과 책상을 내려치는 것이다. 화를 참지 못해 내 앞을 왔다 갔다 하다 밖으로 나가 버렸다.

나는 왜 그가 화를 내는지 도무지 알 수가 없었다. 산사람(남로당 무장봉기 직전 그들의 영역이었던 중산간 부락 포함)들은 진압군과 경찰들을 암호로 '개'라 불렀는데 누렁이가 개를 뜻하는 이유였기 때문이었다.

참았던 눈물이 한꺼번에 쏟아졌다. 눈물의 짜고 뜨거운 감촉을 처음 느꼈다. 나는 한없이 두렵고 슬펐다.

무심코 건너편 조사실을 봤더니 자야가 앉아 있는 것이 아닌가. 아군을 만난 듯 반가웠다.

'네 서랍에 연애편지 있었니? 아니지? 거짓말이지?'

재빨리 눈으로 말했다. 눈대답이라도 받으려고 했는데 건성으로 나를 쳐다보고 있었던 것인지 창밖으로 눈을 돌리는 것이다. 눈이 부시도록 아름다운 봄볕 때문이었을까. 아니면 죄어오는 심문으로 머리와 가슴이 공동화되어 버린 탓일까. 그 편지가 자야 서랍에서 나왔다 하니 모질게 자백을 강요받았을 것이다.

자야는 4・3사건(남로당 무장봉기) 전후해서 산으로 갔으나 얼마 후 정부의 선무 활동으로 산에서 내려온 후 일본으로 건너갔다.

10여 년이 지난 후 일본에 가서 찾아보았으나 자야는 그곳에 없었다. 지인의 말에 의하면 자야는 언제나 말쑥한 한복차림이었다고 했으며 오래 전 북송선을 탔다고 했다. 고향 사람들과는 어울리지 않아서인지 그 후 그의 소식은 바람결에도 들을 수가 없었다.

조국에서는 설 땅이 없어 일본으로 밀항할 수밖에 없었던 심정은 어떠했을까.

열세 살 때 공부한 사회주의 이상향을 따라 반쪽의 조국을 찾아간 그는 혁명투사가 되었을까, 과학자가 되었을까, 어린 나이에 동족상잔을 목격했던 그는 지금쯤 조국을 슬픔의 땅이라고 한탄하고 있을지도 모른다.

전쟁을 겪은 사람들은 정말 가슴 아픈 사람들이다. 동족상잔은 피를 멈추게 하는 전쟁이다.

세월이 흐를수록 자야에 대한 그리움에 가슴 저리다.

T교사와 독서회

"음악을 들으며 시도 읊고 푸른 하늘과 바다를 보며 아름다운 미래를 가꾸던 소녀시절의 꿈을 이른들은 빼앗아 갔다."

중학교 시절의 꿈을 꾸었다.

세일러복을 입고 바다를 향해 서 있는 내가 너무나 선명했다. 일본 패전을 전후하여 여학생의 교복은 짙은 감색의 세일러복이었다. 양쪽 깃을 사선으로 부드럽게 뒤로 넘긴 세일러 칼라에는 흰줄이 둘러져 있고 하얀 넥타이는 앞가슴에 살짝 얹어 있는 것이 마치 나비가 멜로디에 맞춰 날갯짓을 하는 것 같았다. 여학생의 청순함이 돋보이는 교복이었는데 세일러복을 입은 사진이 내겐 한 장도 없다.

해방 이듬해 중학교에 진학한 우리들은 새로운 것에 대한 기대감으로 힘이 솟고 즐겁기만 했으나 사회 분위기는 사상과 이념의 갈등으로 갈피를 잡지 못해 어둡고 불안한 나날을 보내고 있었다.

중학교에 입학하자 성적이 우수한 학생들을 중심으로 독서회가 만들어졌다. 우리 글로 쓰여진 문학서적을 읽을 수 있게 된 것이 행복했고, 지식과 학문을 넓힐 수 있는 기대감으로 가슴이 벅찼으며 회원이 된 내가 자랑스럽기까지 했다.

독서회는 공산주의 프락치와 같은 학원 조직이고, 지시를 받아 특수한 활동을 하는 행동대원에게 사상교육을 하는 모임이었다.

3·1절 기념일이었다. 적기가 선창을 신호로 숨어 있다가 한길로 뛰어나와 구호를 외치며 벼락시위를 한 것이다. 호루라기 소리가 요란하더니 경찰 기마대가 달려왔고, 시위를 한 우리들은 연행되어 조사를 받게 되었다.

인수 보증인이 된 아버지는 편한 마음으로 서장실로 갔다. 서장은 검붉은 얼굴로 허덕거리며 고르지 못한 숨을 몰아쉬고 있었다.

여학생들은 논리 정연한 언변으로 의견을 폈고, 경찰을 적대시하는 언행이 미성년이라 볼 수 없다는 조사관의 보고를 받은 뒤였다.

"그들은 빨갱이요, 겉은 푸르고 속은 붉은 수박이요. 고 사장도 딸에게 속고 있어요. 수박들을 수박(囚縛)해야겠소."

붙잡아 가둔다는 말이 아닌가. 청천벽력이었다. 미성년인 학생들을 구속하다니….

아버지는 평소와 다른 고압적인 태도에 화가 났고 가당치도 않는 잔인한 표현에 모멸감을 참아낼 수가 없어 서장실을 뛰쳐나오고 말았다.

집에 돌아온 아버지는 내 방에서 책을 모두 꺼내오게 한 후 석

유를 부어 태워버렸다. 그때 앨범도 책과 함께 소실되고 만 것이다. 나들이에서 돌아온 어머니는 타다 남은 사진 조각을 보고 통곡을 하셨다고 했다. 불타는 화염에 놀라 모여든 이웃들은 '시국이 왜 이러느냐, 남의 일이 아니구나.' 하며 한숨을 쉬며 돌아섰다.

독서회 지도 교사인 T선생은 모교인 B초등학교 교사였다. 키는 큰 편이었고 운동으로 단련된 몸은 다부져 보였고, 우리 반 담임이었던 일본 여선생과 좋아하는 사이기도 했다. 그녀는 늘 정갈하게 머리를 빗어 넘겨 애기 손 주먹만 한 크기로 틀어 올려붙인 머리모양을 하고 있었다. 덧니가 귀엽고 사소한 일에도 얼굴을 붉혀 부끄러움을 살 타며, 가날픈 몸매에 다소곳한 태도는 여성스러운 매력이 넘쳤다. 수업이 끝나면 오르간을 치며 노래를 부르거나 정답게 산책하는 그들의 모습을 볼 수 있었다.

2차 대전의 막바지, 전쟁터나 다름없는 험악한 분위기였음에도 T선생과 여교사의 사랑은 잔잔한 감동을 주었다. 그들이 있는 곳에는 따뜻함과 평화로움이 있었고 석양을 등지고 앉아 있는 모습은 그림 같았다.

T교사는 민주주의 민족전선 조직원이었다. 독서회에서 본 그는 너무나 달랐다. 언제나 긴장된 표정에 양미간은 경직되어 눈썹이 빳빳하게 서 있었고, 투사처럼 언행이 돌변해 있었다. 국경을 넘는 사랑을 한 로맨티스트였던 그가 이렇게 변모할 수가 있을까. 몹시 놀라웠다.

그는 우리에게 선택된 우수한 학생이라는 자부심을 심어 줌으로써 이성에 호소하여 공감케 했으며, 감정을 부추겨 그의 이념을 따르게 하는 데는 타고난 능력이 있었던 것으로 기억된다.

물질적 평등, 지상낙원, 조국해방 등의 구호는 정확한 뜻을 모른 채, 우리는 큰일을 해내는 전사가 된 듯했다. 프락치, 아지트, 빨치산이라는 단어는 우리만이 아는 신지식인 양 신선한 매력을 갖게 했다. 스탈린의 100침은 삐라 살포, 동맹휴학, 협력하지 않는 교사, 적극성이 부족한 회색분자라는 교우들에게 조직적 대응을 하는 교과서나 진배없었다.

어느 날 T는 아버지 회사인 조선철공소에 있는 용접용 산소탱크가 필요하다고 했다. 정색하고서 명령하듯 하는 지시에 겁이 났다. 대형 풍선에 전단을 넣고 산소로 부풀려 상승시켜 기압차로 터지게 되면 사람들이 살포하는 것보다 안전하고 넓은 지역에 살포되는 효과가 크기 때문이었을 것이다. 잠겨 있는 공장에서 산소탱크를 꺼내 오는 것은 어려운 일이었고, 열세 살인 나는 훔친다는 것이 무서워서 도저히 할 수가 없었다.

그는 그 후 산을 선택했다. 유격대가 있는 산으로 간 것이다. 수많은 양민이 희생된 4·3사건의 시작이었다. 혹한과 혹서 굶주림이 있고 총에 맞아 생명을 잃을 수도 있는 살벌한 곳에 제자들을 데리고 갔다. 소년소녀들은 중산간 부락에서 전단을 제작하기 위해 등사판을 밀거나 첫 총선 투표 거부 강연을 하기도 하며 숨어 있었다.

칼과 총, 창이 난무하여 죽고 죽이는 광풍이 잦아들기 시작할 즈음 소녀들은 아무 탈없이 집으로 돌아왔다.

T는 한참 후 정보대에 의해 수용되었다. 면회 간 어머니에게 "어머니 우리는 ○○아저씨 2층 집보다 더 큰 집에 살게 됩니다. 그런 세상이 곧 올 겁니다."라고 했다 한다. 아이러니컬하

게도 사유재산을 부정하고 공유재산 제도의 실현을 위해 투쟁한 그를 한때 존경했던 터라 그 말이 실망스러웠다.

그의 얼굴은 하얗다기보다는 푸른색 물감을 바른 듯 병색이 완연했었다고 한다. 산 생활에서 가슴에 결핵을 얻고 요양소에서 투병하다 세상을 떴다. 공산주의 유토피아를 추구하던 그가 20대 나이에 요절한 것이다.

조국을 해방한다는 공산주의자들은 목적을 위해 어린 학생들까지 기계화하는데 서슴지 않았고, 국가를 위해 최선을 다 한다는 형사들의 감시 때문에 소녀들에겐 감당할 수 없는 공포의 나날이었으며, 그들은 깊은 상처를 입었음은 물론이다.

음악을 들으며 시도 읊고 푸른 하늘과 바다를 보며 아름다운 미래를 가꾸던 소녀시절의 꿈을 어른들은 빼앗아 갔다. 건드리고 싶지도 않고 돌이켜보고 싶지도 않는 것은 아직도 상처가 채 아물지 않았음일까. 누구에게 쫓기는 꿈을 꾸던 내가 세일러복 차림으로 평온한 바다를 바라보는 꿈을 꾸다니. 세월이 아픔을 무디게 한 것일 게다.

창 밖 너머 푸른 하늘을 본다.

공산주의 투사가 아닌 일본 여교사와 콧노래를 부르며 산책하던 T교사의 인간적인 모습이 떠올라 가슴을 따뜻하게 한다.

선생은 이상과 생명을 잃고, 우리는 소녀 시절의 낭만과 꿈을 잃어버렸다.

사라봉에 올라

"빗방울이 내 뺨 위에 떨어진다. 조용히 내리는 비를 맞으며 바다 위를 한없이 걷고 싶다."

사라봉 기슭에 있는 우당도서관에서 모임이 있던 날, 일찍 집을 나섰다. 사라 오름에 올라 4월의 바다를 보기 위해서였다. 산책길을 따라가다 산허리에서 자리를 잡았다.

겨울 끝자락에서, 곡풍이 산등성이로 부드럽게 불어오고 있다. 투명한 코발트색의 잔잔한 바다가 조용하고 아늑하며 바다 저 끝에 하늘과 맞닿은 수평선이 보인다. 겨울 내내 낮게 드리웠던 회색빛 하늘은 푸른 바다 물감을 머금고 있어 바다를 닮아 가고 있다.

서 축항 어름에 있었던 우리 집 뒷마당에 서 계셨던 어머니의 모습이 떠오른다. 초등학교 일학년 때 첫 소풍을 사라봉으로 가게 되었다. 어머니는 평소 편도선염으로 고생을 하는 내가 탈이 날까봐 소풍 가는 것을 탐탁하게 여기시지 않았다. 아침에 잠이 깨자, 소풍가방을 챙기는 내 옆으로 오시더니 머리를 보듬고 내 관자놀이에 어머니 이마를 대고 이마받이를 두어 번 하는 것이다. 어머니 나름대로 진찰법이며 애정의 몸짓이었던 것 같다.

이마받이는 신열이 높낮음을 피부로 느낄 수 있으며, 보듬고 있는 아이의 호흡음으로 몸 상태를 감지할 수 있기 때문일 것이다.

신체의 내부를 끊임없이 순환하는 혈액온도를 체온으로 한다는 설도 있었으니 어쩌면 관자놀이에 있는 핏줄온도가 정확한 체온일 것도 같다.

소풍날은 오후부터 바람이 불기 시작했다. 어머니는 사라오름이 보이는 뒷마당에서 산바람이 잦아지기를 바라며 나를 기다렸다. 귀가 시간이 늦어지자 안절부절못하다가 이슥고 마중하러 밖으로 나왔다.

대여섯 살 되어 보이는 남자아이가 등짐장수인 어머니 손을 잡고 깡충깡충 뛰며 걸어오고 있었다. 그 아이를 보며 "저 아이를 보셔요. 얼굴이 얽어 있어요." 같이 가던 친척 아이가 말했다.

"얽으면 어때서 건강해서 좋구나…." 말하고는 어머니는 우두커니 서서 그들의 모습을 바라보고 있었다. 단단한 몸매의 등짐장수와 구릿빛 얼굴에 반짝이는 눈을 가진 건강한 아이를 보고 어머니는 부러웠던 것이다.

내 동생들은 홍역 후유증과 폐렴으로 일찍 어머니 곁을 떠났다. 그래서인지 평소 차분한 성격에 여유가 있는 넉넉한 분이였는데, 자식이 잔기침을 하거나 미열의 낌새만 있어도 이성을 잃은 듯 겁에 질린 표정이 되며 몸놀림까지도 달라지곤 했다. 그런 어머니를 보면 나는 왠지 슬픈 생각이 들었다.

귀한 아기는 하늘이 시샘을 한다는 속설이 있어 남동생의 돌잔치를 하지 않았다.

홍역을 가볍게 치른 남동생이 세 살 때 첫 생일상을 받던 날 어머니는 생일상 앞에서 "마이신님 감사합니다."라고 중얼거렸다. 주위에서는 장난이려니 했는데 너무나 진지한 표정이라 웃을 수가 없었다고 했다.

해방 후 국내로 처음 들어왔던 항생물질인 페니실린과 스트렙토마이신은 부작용과 내성을 모른 채 만병통치약처럼 쓰여졌다. 하지만 수많은 어린이들을 병에서 헤어나게 해주기도 했다.

어머니는 동생들이 건강하게 자라준 것이 신효한 마이신님의 효험이라고 믿었던 것이다.

탈 없이 자라는 동생을 보며 길에서 만났던 건강한 등짐장수 아이의 모습이 생각났는지 예방주사를 맞췄더라면 하며 아쉬워했다.

빗방울이 내 뺨 위에 떨어진다. 조용히 내리는 비를 맞으며 바다 위를 한없이 걷고 싶다.

"비를 맞지 마라. 편도선이 도진다."

어머니의 자상한 목소리가 바람을 타고 왼쪽 이마를 짚고 지나가는 것 같다.

4

대신 울어준 아내의 눈물

개 이야기 · 1

"달려오는 개만 보면 광견이 아닌가 싶어 불안해했고, '개조심' 이라고 써붙은 집은 반드시 피해서 먼 길로 돌아가곤 했다."

광견병은 개가 마치 미친 듯한 행동을 보인다고 해서 붙여진 이름이다. 광견은 물을 마시거나 보기만 해도 공포증으로 경련을 일으키는 증세가 있어 공수병이라고도 한다.

어릴 때 일이다. 내가 살던 산지천 근처에 모여 있던 사람들이 두려운 표정으로 정신없이 달려가는 개를 보고 있었다. 빙 둘러 서 있는 사람들 중에 좌장처럼 당당해 보이는 사람이 저 개는 미친개라고 했다. 미친개에 물리면 저 개처럼 날뛰면서 덤비며 짐승 같은 소리를 지르고 경련을 하다 열이면 열 사람 다 죽는다고 했다. 그는 손짓을 섞어가며 실감 있게 설명했다.

사람들은 뛰어가던 개가 되돌아올까 겁이 났는지 빠른 걸음으로 자리를 떴다. 그로부터 달려오는 개만 보면 광견이 아닌가 싫어 불안해했고, '개조심'이라고 써붙은 집은 반드시 피해서 먼 길로 돌아가곤 했다.

유년기에 이사 간 새 집은 주택과 아버지의 사업장 입구가 겸해선지 지킴개가 있었다. 의젓한 몸집이었지만 순하고 영리했다. 식구들이 밖에서 돌아오면 꼬리를 흔들며 앞발을 들고 선 채 반가워하는 시늉을 하는 걸 보며 정이 많은 동물이구나 하는 생각을 하게 되었고, 광견에 대한 불안감에서 조금씩 벗어나는 듯했다.

광주 이모 댁에서 고등학교를 다닐 때 일이다. 시험공부를 끝내고 돌아가는 친구를 바래다수려고 마당으로 내려섰다. 밤에만 풀어놓는 셰퍼드가 갑자기 멍멍 짖더니 달려오는 것이 아닌가. 친구는 비명을 지르며 뛰기 시작했다. 어둠 속에서 반짝이는 개의 눈에서 살기를 봤다. 친구 따라 나도 정신없이 뛰었다.

앞서 가던 친구가 껌껌한 대문 구석에 바싹 붙어 숨을 죽이고 서 있었다. 한집에 사는 식구인데 설마 하는 생각이 들어 뒤돌아섰다. 순간 개가 내 무릎을 물었다. 달려드는 개에 대한 공포감에 숨이 멎는 것 같았다. 울부짖는 소리에 식구들과 이웃들이 마당으로 뛰어나왔다. 누군가 개에 물리면 그 집 된장을 바른다고 했다. 된장 한 주먹을 상처에 덮고 대학병원으로 갔다.

의사는 물린 자리가 두뇌에 가까울수록 위험한데 무릎이고, 살짝 긁혀 상처가 깊지 않으며 집안에서만 있던 개라 일주일간 개의 보균 유무를 관찰한 후 예방주사를 맞아도 될 것 같다고 했다.

요즘은 병든 들개도 볼 수 없고 사육견은 예방접종 등을 해야 한다는 인식이 되어 있으니 안심하시라고 말했지만, 진료를 바로 시작해야 한다는 고향에 계신 부모님의 재촉과 성화 전화에, 어쩔 수 없이 2 주간 척추 부위에 주사를 맞아야 했다.

예방주사를 맞는 고통도 있었지만, 나는 어릴 때 들었던 광견이야기가 되살아나 불행한 일이 일어날 것 같은 두려움에 몹시 시달렸다.

얼마 전 일이다. 근처에 있는 중학교 운동장을 운동 삼아 걷고 있었다. 젊은 여자가 주먹만 한 애완견 두 마리를 데리고 나타났다. 하얀 강아지에 어울리는 붉은 체크무늬의 옷을 입고 있었다. 언젠가 어린이옷보다 고가인 개옷을 보고 놀란 적이 있었는데 꽤나 비싼 옷인 것 같았다.

그 개들은 집에 갇혀 있다가 넓은 운동장에 풀어 놓아서인지 이리 뛰고 저리 뛰며 방향 감각 없이 내달리고 있었다. 주인이 무엇이라 했는지 더 빨리 뛰어가다가 방향을 바꿔 우리 앞 10 미터 거리까지 달려오더니 옆으로 한두 발치다, 머뭇거리고 뒤로 물러서는 폼을 잡다가 우리를 향해 돌진해 오는 것이다. 같이 걷던 친구가 갑자기 뛰었다. 나는 뛰지 않고 방어태세를 잡고 그 자리에 버티어 서 있는데 정면으로 달려오는 것이다. 다급한 나는 발로 차는 시늉을 했다. 개는 방향을 바꾸더니 친구의 바지를 물어뜯었다. 멀리 서 있던 개 주인의 부르는 소리에 개는 돌아섰다. 개 주인이 오더니 "사람을 물지 않아요, 왜 뛰세요?"라고 했다. 어른이 강아지를 무서워하다니 한심스럽다는 표정이었다. 나는 화가 치밀어 올랐다.

"개가 왜 게걸음을 하지요. 개답게 훈련시켜요." 큰 소리로 말했다. 남의 바지를 찢어 놓은 것이 조금은 미안해서인지 '예'라고 했다. 아마 '게걸음'을 '개걸음'으로 들었을 것이다. 개가 게걸음을 한다고 탓할 일은 아닌데….

개는 두 발가락 마디만을 땅에 대고 걷는 지행성(趾行性) 동물이다. 그래서인지 평형감이 부족해 발을 딛을 때 중심이 흔들리는 것이 개가 사람을 공격하는 자세로 본 내가 문제였으니 황당한 일이 아닌가.

사람이 뛰면 개는 더 빨리 쫓아오는 것은 개의 습성인 것 같다. 개는 인산의 가장 오래된 가축으로 그 역사가 1만 8천년이 넘는다고 한다. 개는 옛날부터 외적 내습에 대한 알림과 수렵의 용도로 사용했다. 그 후 투견으로, 또 전쟁터에서 군용견으로도 쓰여 인간과 관계가 가장 깊고 크다.

개는 사람을 잘 따르고 성질이 온순하고 영리하며, 인간에게 많은 도움을 주는 가축이다. 근래에 장애자의 안내견도 하고 위급 시 자신을 희생하며 주인을 구명하는 의견도 많아 사람들에게 사랑을 받고 있다.

애견가들이 개를 가까이 하지 않는 것을 보고 모질다거나 동물을 사랑하는 마음이 없다고 할지 모른다. 하지만 아직도 개가 두렵다.

개를 두려워하는 것이 병이라면 치료를 받아야 할 것 같다.

개 이야기 · 2

"개는 청각이 매우 발달되어 있어 먼 거리의 소리를 들을 수 있다고 한다. 이렇듯 개는 가장 예민한 감각을 가지고 있다."

일본 도쿄 시부야역 앞에 '하치공 동상'이 있다. 하치공이란 불쌍한 개 이야기의 주인공인 하치라는 개를 높이는 뜻으로 하치공이라 부르는 것이다.

하치는 퇴근하는 주인을 시부야역까지 하루도 빠짐없이 마중을 가는 것이 일과였는데, 주인이 죽은 후에도 10년간 시부야역을 오갔다고 한다. 그 후 주인을 그리는 불쌍한 개 이야기로 알려졌고, 그 충견의 자세가 높이 평가되어 동상까지 세워진 것이라고 한다.

하치는 일본 개로서는 처음으로 천연기념물인 아끼다견(秋田犬)의 일종이다. 아끼다견은 한 번 키워준 주인은 죽은 후에도 다른 주인을 섬기지 않는 아끼다현(秋田縣)의 특성을 가지고 있다고 한다.

일본에 갔을 때 시부야역에 있는 하치공 동상을 보고 우리나라 천연기념물인 진돗개와 너무나 흡사한 점이 있어 놀란 적이 있었다. 귀는 앞으로 경사져 빳빳하게 서 있고 각 지어 있는 얼굴 모양도 비슷했으며 목은 굵어서 힘이 있고 다부지게 보였다. 곧은 앞다리가 강건하게 보이는 것까지 닮아 있었다.

아끼다견은 일본 재래의 중형 개였는데 오랜 세월 대륙의 대형 개의 영향을 받았고, 일본개의 풍모와 성격을 같이 가지고 있는 개라고 하니 아끼다견은 우리나라 진돗개와도 유관할 것이라고 생각했다.

일본의 도꾸가와 이에야스(德川家康 1603-1867)시대에는 인간보다 개를 중요시했기 때문에 많은 시민과 무사뿐 아니라 도꾸가와가 역시 어려움과 곤욕이 컸었다고 한다. 개를 죽이거나 부상을 입혔을 때, 개를 사육하는 데 성실하지 않으면 중죄로 다스렸다는 것이다. 수십만 평의 토지에 개집을 지어 10만 마리의 개를 수용했지만 그것도 부족해서 여견(旅犬)이라고 불렀던 집 없는 개를 각 마을의 부담으로 사육하도록 했으며 개의 호적이라 할 수 있는 어견모대장(御犬毛大帳)을 작성하여 각 마을의 사육견 관리를 하도록 했다.

어견모대장의 어(御)나 경공방(犬公方)의 방(方)자를 붙였던 것은 왕이나 고관대작에게 쓰였던 높임말의 어휘로 사용한 것으로 보면 그 때의 사회상을 알 수 있다.

소설 『도꾸가와 이에야스』를 보면 이에야스의 행렬 선두에는 백 마리 정도의 많은 개를 사용했다고 한다. 경계와 세력 과시용이겠지만 도꾸가와 시대는 무던히 개를 중요시했고 사람보다 높은 위치에 있었던 개의 전성시대였던 것이다.

요즈음 우리도 개에 대한 관심이 많아졌다. 애견가들은 우수한 개를 가지고 싶어 보다 크고 강한 개를 원하고 애완가들은 보다 작고 귀여운 개를 가지고 싶어 한다. 집안에서 사육하는 애완견도 부쩍 많아졌다고 하는데, 개 짖는 소음 공해 때문에 단독주택은 문제가 되지 않지만 아파트에서는 어려움이 적지 않아 성대수술을 한다고 한다.

개는 성별이나 개체를 냄새로 분별하고 포획물을 찾는 것도 후각으로 한다. 시각은 인간보다 약해서 100미터 이상 떨어져 있는 주인을 식별할 수는 없지만 청각은 인간의 4배나 발달되어서 먼 거리의 소리도 들을 수 있다고 한다. 이렇듯 개는 가장 예민한 감각을 가지고 있다.

목청이 없는 개를 상상해 본다. 개가 아플 때나 배가 고파 힘이 빠질 때는 힘없는 소리로 끙끙거려 애틋할 것이다. 개 자신이 위협을 느낄 때는 사나운 짐승이 몹시 성이 난 것처럼 포효할 것이다. 주인이 부상을 당하거나 위급할 때는 목을 길게 빼고 하늘을 향해 비통한 목소리로 처절하게 울는지도 모른다. 짐승이지만 느껴 일어나는 감정의 표현을 말 대신 짖는 것으로 표출할 게 아닌가.

눈총을 받으며 애완견을 기르는 사람들의 개 사랑을 이해는 하지만 동물이 살아가는 데 유용한 기관의 하나인 성대 제거

수술은 개에겐 처참한 일이 아닐까 싶다.

지난해 버려진 개가 6만이나 된다고 한다. 절반은 짖지 못하는 벙어리 개였지 않을까.

고양이 목에 방울을 달듯 개의 성대에 전파를 보내 강약, 온오프를 리모컨으로 조절하는 방법이 없을까 하는 생각도 해 보지만, 그 역시 배려 없이 인간 위주로 사는 범주에서 벗어나지 못하는 것이 아닌가.

호기심을 주체 못하는 소년

"또래보다 미련하고 지각이 늦된 아이일 뿐 도벽이 있는 것이 아니라고."

난데없이 경찰서에서 전화가 걸려 왔다. 조사를 받고 있는 H라는 학생이 고 회장님을 만나게 해달라고 간청을 하고 있다며 경찰서로 나와 주셨으면 한다고 했다. 예의 바른 어조였으나 심사는 불편한 것 같은 느낌이었다.

H를 첫 대면 한 곳은 검찰청 청소년선도위원회 담당 검사실이었는데 선도유예(선도의원이 선도조건부 기소유예)를 받은 학생이었다.

주위 분위기 때문인지 움츠리고 앉아 있는 그 아이는 떨고 있는 것 같았다. 어린이 같은 순수한 눈빛은 두려움으로 가득했다. 저 아이가 무슨 잘못을 했기에, 가엾은 생각이 들었다.

H는 친구들과 장난감 가게에 갔다가 크리스마스트리용인 줄에 매달린 울긋불긋한 빛깔의 전구를 보자 집어 들고 가게를 나오다

주인에게 붙잡혔다고 했다. 검사는 초범인 H를 내게 넘겨주며 지능이 낮은 아이인 것 같아 힘든 선도가 될 것이라고 했다.

H소년에 대한 선도는 한 달에 한두 번 접촉면담으로 시작했고, 보호자인 H의 어머니를 가끔 만나 학교와 집에서의 정황을 듣기도 했다.

처음 면담하던 날 몇 권의 책을 주며 독후감과, 자기가 겪은 일이나 느낌을 써보라고 했다.

글을 통해 그 아이의 감정의 흐름을 알게 되면 선도하는데 큰 도움이 될 것이라고 기대를 했었는데, 독서와 글쓰기는 관심조차 없는 아이였다.

어느 날, 면담하러 내 업장인 약국에 와서 인사를 꾸벅 하고는 조제실에 있는 천칭(天秤 : 약저울)을 보자 가까이 가서 넋이 나간 듯 뚫어지게 보고 있다가 만지기도 했다.

언젠가 어머니를 따라 약국에 왔던 어린아이가 약저울의 양쪽 끝에 있는 저울 접시(판)와 작은 추들을 앙증스러운 장난감으로 봤는지 만지작거리며 저울을 놓지 않으려고 했던 일이 있었다. H와 그 어린이의 표정과 태도는 너무나 닮아 있었다. 아마 마음 속 감정까지도 같을 것이라고 생각을 하니 신기하고 놀라웠다.

재범 가능성이 낮은 청소년들은 6개월이 되면 선도를 마치게 되어 H와의 접촉면담은 끝나게 되었다. 선도 기간 그는 어리석다고 할 만큼 성실했고, 약속을 잘 지키는 아이였다. 그 아이는 결코 도벽이 있는 것이 아니라는 확신이 있었기 때문에 어머니가 자식을 객지에 보내는 것처럼 불안하고 서운하면서도 한결

가벼운 마음으로 떠나보냈던 아이였다.

형사는 진술을 하지 않고 고 회장을 만나게 해달라는 그 아이가 처음에는 짜증스러웠지만 간절하게 말하는 모습이 측은한 생각이 들어 전화를 했노라고 했다. H는 나를 막연히 자기를 잘 이해하는 어른이고, 자기편이라고 생각했었던 것 같다.

H는 늦은 밤 심부름을 하고 귀가 길에 자전거 점포 앞을 지나다가 열려 있는 출입문 커튼 사이로 줄지어 서 있는 자전거를 보자 끌고 나왔던 것이다. 그는 자전거를 본 순간 몽유병 환자처럼 가게 안으로 들어갔을 것이고, 새 자전거의 부품을 해체하는 쾌감과 몸체를 요리조리 조립하는 흥분을 느꼈을 것이다. 신품인 자전거 포장을 뜯어내고 자전거를 타고 유유히 집에 돌아갔더라면 순찰하는 경찰관에게 신문도 받지 않고 들키지도 않았을 것이다. 그는 그런 계산을 할 수 없을뿐더러, 급하고 어려운 상황을 모면하는 꾀를 갖고 있는 아이가 아니었다.

해체와 조립을 되풀이하는 소년, 기계와 장치를 다루어 움직이게 하는 일, 조립품을 뜯어 자기가 하고자 하는 식대로 맞추어 만드는 것을 좋아하는 그는 새롭고 신기한 것을 보면 만지고 싶고, 만지면 갖고 싶은 충동을 자제 못하는 아이였다. 호기심을 주체 못하는 소년일 뿐이었다. 또래보다 미련하고 지각이 늦된 아이일 뿐 도벽이 있는 것이 아니라고 형사에게 말했다. 선도를 했던 내 설득에 공감을 한 형사는 소년의 장래를 배려해서 형을 받지 않게 처리를 해 주었다.

10여년이 지난 후 H의 어머니를 만났다.

H의 행동을 나는 '그 어리석은 짓'이라고 표현했었는데, 그녀는 아들의 안부도 묻기도 전에 '그 어리석은 짓'이 한 번 있었다고 했다. 시동을 끄지 않고, 서 있는 차를 보자 호기심에 발동했는지 무면허 운전을 한 적이 있었다고 했다. 지금은 결혼하고 어른이 되더니 '그 어리석은 짓'은 하지 않는다며 상쾌하게 웃었다. 그 아이를 이해하고 깨우쳐주신 것 감사하다고 하며 절을 하고 돌아서는 뒷모습은 마냥 행복해 보였다.

그 아이 관심사를 이해하고 최소한에 호기심을 충족시킬 수 있는 가정형편이었다면 주체 못하는 행위는 하지 않았을 것이다.

한 번 그 아이를 만나보고 싶다.

대신 울어준 아내의 눈물

"아내의 눈물을 보며 차마 눈물을 흘릴 수가 없어 가슴으로 울었던 것이다."

최순호 전 포항팀 축구감독은 2006 월드컵 바로 전에 있었던 독일 전에서 이동국 선수 득점 골에 대한 평을 묻는 기자들에게 "그건 골이 아니라 예술이지." 하며 자기는 많은 골을 넣어 봤지만 그런 골은 넣어 보지 못했노라고 했다.

이동국 선수가 몸을 날려 발리킥을 하는 모습은 발레리나의 날렵한 자태보다 더 예술적인 기교가 있다는 표현일 것이다.

이동국 선수는 순간적인 파워와 기술이 탁월하고 전술을 이해하는 머리가 있으며, 거기에 좋은 신체적 조건과 뛰어난 잠재력을 가진 선수라고 전문가들은 말하고 있다.

이동국 선수를 직접 본 적은 없다. TV에서 본 그는 인기가 있는 선수답지 않게 희비의 세레모니가 꾸밈이 없다. 속눈썹이 길고 눈은 큰 편이나 눈 표정은 조용하고 허약해 보이기도 하지만 볼을 가지고 있을 때의 눈빛은 심지가 강해 보인다. 그래서인지 이동국 선수에겐 팬이 많다고 한다. 크고 작은 부상과 불운이 계속 이어지는 이 선수를 보며 팬들은 가슴 아파했고, 위로와 격려를 아끼지 않았다고 한다.

1998년 프랑스 월드컵 당시 10대의 나이로 대표선수로 출전했을 때 짧은 시간 뛰는 이 선수를 본 히딩크 감독은 저 어린 선수가 누구냐고 하며 큰 관심을 보이기까지 했으나, 2002년 월드컵 한국 감독이 된 히딩크의 선택을 받지는 못했다. 그때 이동국 선수는 좌절에서 일어날 수 없을 정도로 충격을 받았다고 한다.

지난 4월 K리그전에서 경기를 하다 다리를 접질리는 이 선수를 TV중계로 봤다. 한국 최고의 스트라이커이며 황태자라고까지 불리던 그에게 독일 월드컵 16강 진출이 기대가 컸었던 만큼 국민들의 실망은 대단했다.

그 후 독일 월드컵 경기장이 아닌 독일 스포츠 재활센터에서 아내와 함께 수술을 기다리고 있었던 이 선수는 팬들에게 월드컵 출전의 꿈이 무너졌고 희망이 사라진 심정을 말하면서 옆에서 울어준 아내가 고마웠다고 했다.

자신의 불행을 원망하고 운명을 탓하며 통곡을 하고 싶었지만, 아내의 눈물을 보며 차마 눈물을 흘릴 수가 없어 가슴으로 울었던 것이다.

남편의 눈물을 보는 것은 절망을 확인하는 것이기 때문에 눈물을 그치게 하기 위해 눈물 정성(精誠 : 딸을 결혼시켜 보낸 친정어머니의 눈물을 그치게 하기 위해 딸이 선물을 한다는 뜻)으로 남편에게 눈물로 위로의 선물을 대신 한 것이다.

오래 전 일이다 우리 집에 '베스'라는 진돗개가 있었다. 영리하고 기민한데다 지킴이 노릇도 잘했다. 늦게 귀가하는 가족이 있으면 어떻게 알아차리는지 반드시 마중을 나갔다. 깜깜한 밤길에서도 다가가 살짝 건드리고 긴 털 꼬리를 흔들며 자기임을 알리는 시늉을 했다. 그런 베스를 어린 동생들은 무척 사랑했다.

어느 날 음식을 잘 가려 먹던 영리한 베스가 동네에 나갔다가 쥐약을 넣은 음식을 먹고 구토와 경련을 하며 괴로워했다. 약을 먹이고 주사를 놨으나 허사였다.

초등학교 일학년인 막내 동생은 베스를 붙들어 안고 살려달라며 울고불고 해 어머니를 낭패하게 하더니, 어느 순간 울음을 딱 멈추는 것이다. 동생은 베스가 죽기 전에 눈을 크게 뜨고 울고 있는 자기를 보며 눈물을 흘리더라고 했다.

베스가 자기와의 이별이 슬퍼 흘린 눈물이라고 생각했는지 흥분과 감동으로 얼굴이 붉어 있었다. 동생은 베스를 처치하려는 사람들에게 베스를 베스 집 옆에 꼭 묻어달라고 몇 번씩이나 다짐을 받고는 작은 어깨를 펴고 활기찬 걸음으로 등굣길에 나서는 것이다.

포유동물의 눈물은 코〔鼻腔〕로 나온다는 것을 알려주고 잘못 본 것이라고 말해주고 싶었지만 동생보다 나이가 많은 충견인 베스가 울고 있는 동생이 안타까워 힘을 다해 눈에서 눈물을 흘렸을지도 모른다는 생각이 들었고 동화 같은 동생의 꿈을 깨고 싶지도 않았다.

눈물이란 여러 가지 자극이나 정신적인 감동을 받으면 나오는 분비물이다. 슬프고 기쁠 때, 충격적이고 화가 났을 때, 심지어 배가 고플 때, 그 감정이 더 이상 억제할 수 없을 경우 눈물이 나온다. 울고 나면 기분이 상큼하고 개운할 때도 있다. 눈물은 감성에서 이성으로 돌아와 새로운 시작을 할 수 있는 내적 요인이 되기도 한다.

아내의 눈물은 이동국 선수가 자실하지 않고 실패 끝에 더 큰 성공으로 재기할 수 있도록 희망을 준 눈물이다.

눈물을 나눠 갖는다면 슬픔은 반이 된다.

쉰여섯 번째의 홈런

"이승엽은 물 흐르듯 유연한 스윙에 강력한 임펙트를 가진 능력 있는 홈런타자이다."

이승엽선수의 쉰여섯 번째 홈런을 애타게 기다리던 관중들은 페넌트 레이스 마지막 날이라 흥분과 열기로 야구장을 뜨겁게 하고 있었다.

행운의 홈런볼을 잡으려고 팬들은 일찍이 와야 명당자리를 차지하고 있다는 중계 아나운서의 목소리가 경쾌하게 들렸다.

설레는 마음으로 TV 앞에 편히 앉아 있었다. 불현듯 내 운으로 홈런이 불발할 것 같은 예감이 들어 TV 전원을 껐다.

어릴 때 소원이 있으면 착한 일하고 기도하면 신이 소원을 들어준다는, 동화에선가 읽었던 공상적인 이야기를 믿었던 적이 있었는데….

역사적인 홈런을 날리는 날 감격과 흥분을 관중과 함께 하며 준비된 이벤트와 독특한 세레모니를 추억거리로 갖고 싶었지만 어릴 때처럼 기도하는 심정으로 응원하기로 했다.

나는 야구경기 중계를 자주 본다. 다른 구기경기와 달리 두 팀이 9회에 걸쳐 서로 공격과 수비를 번갈아 가며 하는 것이 긴장감을 풀어주고 여유가 있는 신사적인 경기이기 때문이다. 응원하는 팀이 공격에 실패하면 다음 공격을 기대하며 막간에 차를 마시며 마음을 다스리는 틈이 있어 좋다.

고등학교 때의 일이다. 전국 고교야구 선구권 대회는 지금의 프로야구만큼이나 인기가 있었다. K시에 있는 S고등학교 팀은 우승 후보팀이었는데 그 팀의 스타였던 일루수가 경기를 앞두고 급병으로 세상을 떴다. 그 선수의 장례식에 그를 좋아했던 여학생이 소복을 입고 참석한 것이 더 큰 화제가 되어 도시 전체가 들먹거렸다.

무색무취 무미의 흰색은 순결무구한 색이지만, 때와 장소에 따라 분위기가 변하며 색감이 달라진다. 하얀 옷은 흰빛에서 오는 빛나는 화려함이 있고, 하얀 상복은 아름다운 슬픔과 아픔이 있다.

비운의 선수 장례식에 미동하지 않고 앉아 있는 미색의 그녀를 보며 사람들은 아름다운 슬픔으로 더욱 숙연했을 것이다.

물 흐르듯 유연한 스윙에 강력한 임팩트를 가진 능력 있는 홈런타자, 이승엽 역시 일루수이다. 타자의 공을 새처럼 날아 미츠(장갑) 입으로 삼켜버리는 수비는 가슴을 뛰게 한다. 반달모양의 모자 차양은 새의 예쁜 부리 같고 팔은 날개처럼 뻗쳐 공을 쫓아간다. 발레리나 닮은 날씬한 다리, 토슈즈 신은 발끝에 힘을 주며 공중에 떠있는 듯한 새의 형상은 눈을 부시게 한다. 카메라 앵글이 아니면 잡을 수 없는 그 자태는 예술작품이 아닌가.

야구장에서 관람하는 것보다 현장감은 없지만 영상으로 보는 선수들이 섬세한 표정과 동작은 감정이 묻어 다가오는 듯 해 즐거움을 배로 한다.

요즘 운동선수들은 준비된 다양한 세레모니를 하는데, 이승엽은 홈런을 날린 후 손등에 입맞춤을 하고 관중에게 키스를 날리는 화려한 제스처나 천하를 얻은 듯 환호를 지르며 질주하지도 않는다.

"떴다 떴다 비행기 날아라 날아라 높이 높이 날아라 우리 비행기…" 동요 멜로디에 맞추듯 어린이처럼 팔을 벌리고 1루, 2루, 3루를 돌아 홈프레이트를 밟은 뒤 더그아웃에 일제히 서서 환영하는 동료들과 함께 하이파이브를 한 후 몇 번 껑충껑충 뛴다.

홈런 세레모니가 별로 크지 않다는 얘기가 있는데 하고 기자의 질문에, 투수들의 자존심을 건드리고 싶지 않으며 상대팀에 대한 예의이기도 하다고 했다. 정면 승부를 해준 상대팀 투수가 고마운 것이다. 투수를 배려하는 마음이 있는 겸손을 아는 이승엽은 세계적인 선수가 될 것이라고 생각한다.

TV 전원을 켰다. 아시아 신기록인 56호가 탄생했다. 축하이벤트가 이어지고, 주인공인 이승엽 선수와 날아오는 홈런볼을 받아 행운을 잡은 사람, 열광하는 관중들을 담은 화면이 급히 돌아가고 있었다. 아나운서와 해설자의 목소리는 흥분으로 떨리고 있었다.

나는 벌떡 일어섰다. 공상가라 해도 좋다. 우연이라 해도 좋다. "떴다 떴다 비행기 날아라 날아라…" 콧노래를 하며 주방으로 갔다.

일주일 기다린 홈런 갈증을 차 한 잔으로 목을 축여야겠다.

어느 날, 몹시 무덥던

"남의 슬픔을 제 처지이듯 같이 아파하는 여인들의 도타운 정이 흐르던 길가."

찌는 듯 한 무더운 여름 한낮, 한증막 같은 날씨 탓인지 거리가 한적하다.

20대 초반으로 보이는 앳된 여자가 젖먹이를 업은 데다, 서너 살 된 여자아이의 손을 잡아끌며 걸어오고 있었다. 여자아이는 무엇이 불만인지 줄곧 칭얼대는 것 같다.

우리 약국 앞쯤에서 큰 소리로 울기 시작했다. 참았던 울음이 폭발한 모양이다. 아이 엄마가 어르고 달랬지만 점점 목청껏 울고 있다.

아이 엄마는 짜증이 났던지 아이의 볼기짝을 두어 대 호되게 때린다. 아이는 그만 자리에 풀썩 주저앉아 버린다.

"아니, 요것이 사람 속 썩이는 것까지 지 애비를 닮았다니까."

라며 집에 가자고 팔을 낚아챘지만 막무가내다. 쉬 그칠 울음이 아닌 것 같다.

덩달아 등에 업혀 있던 사내아이도 울기 시작이다. 다리 근처에서 좌판을 벌여놓고 장사하던 한 아주머니가 아이 엄마에게 이 더위에 아이가 병나겠다며 참견하고 나선다. 가벼운 핀잔이다.

때마침 지나가던 한 사람이, 저 아이 아빠가 바람나서 집에 들어오지 않는다고 주위에 서 있는 사람들에게 귀엣말을 했다.

아이 엄마는 딸을 부둥켜안고 뒤로 돌아서더니 서럽게 운다. 모녀가 눈물과 땀으로 범벅된 얼굴을 서로 비벼대며 울고 있는 것을 보고 사람들은 자신의 일인 듯 가슴 아파하는 모습이다.

밀감 장수 아주머니가 울고 있는 아이에게 덥석 밀감 몇 알을 쥐어주며 울지 말라고 달래고 달랜다.

아이 엄마가 등에서 울고 있는 아이를 몇 번 다독거리더니, 딸을 품에 들어 안고 가던 길을 간다. 두 아이를 업고 안은 젊은 엄마의 뒷모습이 처연하다.

잠시, 남의 슬픔을 제 처지이듯 같이 아파하는 여인들의 도타운 정이 흐르던 길가. 아름다운 정경이었다. 흘러내리는 땀을 훔친다. 왠지 시원하다.

계로록(戒老錄)

"넉넉하게 주던 입장에서 받게 된 처지 전환이 익숙지 않아서인지 늘 미안해 하셨다."

오래 전 일이다. 고서점 구석에서 소노 아야꼬(增野 綾子)의『허구의 집(虛構 の家)』원본을 보자 횡재한 기분이었다.

일본 작가 소노 아야꼬는 18세부터 동인지에서 활동을 했고, 23세 때「먼데서 온 손님들」로 아꾸다가와상(芥川賞) 후보가 되면서 화려하게 데뷔한 후 많은 소설과 에세이를 쓴 작가라고 알고 있었기 때문이다.

『허구의 집』은 여주인공의 감정이나 감각을 여리면서도 날카롭게 표현했으며, 여성 특유의 섬세함으로 찬찬히 그려낸 작품이라 진한 여운이 있었다.

그 후 소노의『계로록』이란 책을 보게 되었다. '아름답게 늙는 지혜'라는 번역자의 부제가 있었지만 '계로록'이라는 제목이 무겁게 다가왔다.

저자의 머리말은 넘겨버리고 차례를 대강 읽었다.

- 젊음을 시기하지 말 것. 자식은 노후 보험이 아니다.
- 노여움을 타는 것은 너무나 범용하고 용렬한 짓이다.
- 세상이나 주위에 뻔한 구애를 하지 말 것.
- 찾아가면 반드시 돈을 주는 늙은이가 되는 것은 인기를 얻는다.
- 늙었다는 것은 직함이나 자격이 아니다.

110여 개 제목 중에 눈에 거슬리는 부분이 있었다. 꺼리거나 어려워하지 않는, 노인을 비하하는 듯 한 느낌마저 들었고, 노인에 대한 이해가 부족한 작가라고 생각했다. 나이가 들면 언행이 노추하게 되는 걸까. 끔찍하고 슬픈 일이다.

친조부모와 외조부모가 일찍 돌아가셨기 때문에 그분들의 노후를 나는 모른다. 어머니의 노후만을 지켜봤을 뿐이다. 우리 어머니는 당신의 노년이 어질고 무던했으며 덕스러웠다. 투정도 하고 요구를 하며 노인답게 살았으면 했는데 그렇지 않았다. 주위나 자식에게 부담을 주지 않으려는 모습이 역력해 마음이 쓰릴 때가 있었다.

80을 넘긴 어머니는 소화력이 약해져 조금씩 자주 음식을 드셔야 했다. 간식을 드시겠냐고 하면 번번이 괜찮다고 하셨다. 정말 필요 없다는 것이 아니라 자식들에게 수고스러움에 대한 인사성의 사양이었다.

서울에 있는 남동생네로 가시던 날 괜찮다고 말하면 거절의 뜻으로 알아들을 수도 있으니 분명하게 말씀을 하시고, 혼자 계실 때는 손수 냉장고에서 꺼내 자주 드시라고 말씀을 드렸다.

"식충이가 아닌데, 어른스럽지 못하게, 그것은 남의 방을 몰래 들여다보는 것과 같다."라고 하셨다.

막내 동생이 용돈을 드리면 절반을 돌려주는 어머니에게 불평을 하면 몸이 약한 사람이 번 돈인데 하시며 머쓱해 하셨다.

넉넉하게 주던 입장에서 받게 된 처지 전환이 익숙지 않아서인지 늘 미안해 하셨다. 그러시는 어머니를 보며 불만스러웠지만 나이가 들면 관대해져 아쉬움을 드러내지 않으며 뭇 사람들을 사랑하며 아름답게 사는 법을 누구나 저절로 터득하게 된다고 생각하고 있었다.

작가는 30대부터 노년에 대한 생각을 했고, 40대부터는 메모를 하고 54세에 『계로록』을 출판했다고 한다. 110여 가지 메모 내용에는 작가가 말하는 허용, 납득, 단념, 회귀를 구체적으로 설명하고 있었다. 작가는 배워서 아는 풍부한 지식도 있었지만 타고난 품성(稟性)이 있는 사람인 듯싶다.

50은 아직 젊다고 자신하고서 노년의 계획조차 없었던 나는 오만 불손한 책이라고 단정했던 『계로록』이 지금은 아름답게 살아가는 노년의 지침서가 될 줄이야.

저금통과 자폭기(自爆機)

"어머니는 어린 딸아이가 이해 못할 것이라는 생각이 들었는지 낮은 목소리로 아무에게도 말하지 말라고 당부했다."

신년 초에 보험회사 RC(재무설계사) 여직원이 황금돼지 저금통을 주며 "부자 되세요"라고 했다. 약사직을 접어놓은 지 오래고 출퇴근 하는 일 없이 칩거나 다름없는 처지인 나에게 부자라는 말은 어울리지 않지만 어감에서 오는 느낌은 넉넉하고 신선했다. 서로가 소망이 이루어지길 바라는 뜻으로 새해 최고의 덕담인 것 같다. 황금돼지 저금통은 경금속 질의 황금빛이 화려해 장식용으로도 돋보일 것이다.

우리가 어렸을 때의 저금통은 사기로 만든 빨간색의 포스트 모양인 것과 일본인이 좋아했던 오다후꾸(阿多福)는 둥근 얼굴에 광대뼈가 불거지고 코가 납작한 뚱뚱한 아줌마 그림인데 눈이 처진 것이 애교가 있는 얼굴이었다. 아이들에게 인기가 있었던 저금통은 달마가 좌선을 하고 있는 상이었는데 배가 불룩하고 둥근 얼굴을 덩거리해서 더 크고, 웃는 얼굴을 재미있게 부각시켜 놓은 것이었다.

일제 때 초등학교에서는 '저금을 하자, 검소하게 살자'라는 말을 구호처럼 되풀이 하며 주입식 교육 때문인지 누구나 한두 개의 저금통을 가지고 있었다고 기억한다.

제2차 세계대전이 막바지에 이르렀을 때, 일본인 교사가 자폭기에 대한 설명을 했다. 비행기가 자폭하는 것은 국가를 위해 스스로 적기에 부딪혀 적기와 함께 폭발하는 것이라 했다. 승전을 하려면 많은 전투기가 필요하다고 하면서 비행기 생산을 위해 모든 국민은 누구나 헌납을 해야 한다고 했다. 비행기는 금속으로 만들어지는데 금전도 비행기 재료가 된다고 했고, 일본에서는 학생들이 비행기 헌납식에 참여하고 있다고 했다.

나는 그날부터 용돈을 저금통에 넣기 시작했다. 달마와 포스트 저금통이 가득 채워졌다. 어느 날 저금통 두 개를 깨뜨리고 그 돈을 천주머니에 담아 두었다. 저녁 때 아버지는 그 돈은 무엇에 쓰겠느냐고 하셨다. 서슴없이 비행기 만드는 데 필요한 헌납금으로 보낼 것이라고 했다. 아버지와 어머니는 서로 얼굴을 쳐다보며 난감해 하는 표정이었다.

그날 밤 내 방에 오신 어머니는 내 옆에 나란히 누우시더니 동화를 읽어주 듯 차근차근하게 이야기를 시작했다. 우리나라에도 왕이 있었고 마지막 왕인 순종의 장례식 때 어머니는 서울에서 여학교 재학 중이었다고 한다. 여학생들은 하얀 무명으로 상복을 만들어 입었는데 보통 치마보다 서너 폭이 더 넓고 발에 밟힐 정도로 긴 치마의 상복이었다고 한다. 상복을 입은 여학생들은 광화문에 모여 눈물로 조상을 했고, 수많은 백성들이 길가에 늘어서서 통곡을 하며 마지막 임금에 대한 애도와 조의를 표했다고 한다. 옛일이 생각났는지 어머니의 눈은 젖어 있었다.

어머니는 일어나 앉더니 갑자기 빠르고 격한 말씨로, 우리는 우리나라를 강제로 빼앗은 일본과는 민족이 다른데 이름까지 개명했으며 학교에서 우리말 시간도 없앴다고 하셨다.

어머니는 어린 딸아이가 이해 못할 것이라는 생각이 들었는지 낮은 목소리로 아무에게도 말하지 말라고 당부했다. 나는 막연하게 엄청난 비밀인 듯싶어 두려움도 있었지만 탐정소설을 읽는 듯 스릴과 흥분이 일었다.

아버지는 나에게 이 돈은 네가 좀 더 커서 좋은 일하는 데 쓰는 것이 좋겠다고 하시며 저금통장을 만들어주겠다고 하셨다.

한참 뒤 어머니의 말에 의하면 결혼 초에 아버지는 저녁 반주를 하실 때면 친한 친구를 사상 문제로 광주형무소에 보낸 고등계 형사, 사업상 횡포를 부리는 일본인, 대대로 물려내려온 제기 놋그릇, 아버지 방에 있던 예쁜 재떨이, 놋타기까지 공출해 간 일본인에게는 일본말인 칙쇼(畜生 : 사람답지 못한 사람을 욕할 때 쓰는 말)라는 말로 반일의 속마음을 토로한다는 것이다. 그 목소리가 너무 커서 우리말로 욕을 하시라고 해도 막무가내였다고 한다. 어머니는 일본 형사들이 들을까봐 심장이 멈추는 것 같았다고 하셨다.

어린 아이에게 저금통까지 헌납하라고 했던 일본 교사에게 아버지는 10년 간 참아왔던 '칙쇼'라는 말로 분을 풀었다고 한다.

그로부터 지금까지 나는 저금통을 가져 본 적이 없다. 헌납금을 강요했던 국방색 군복을 즐겨 입고 권총집과 단검집을 멘 것처럼 X자 형의 가죽 끈을 가슴에 두르고 도수 높은 안경을 쓴 일본 교사의 모습이 생생하기 때문이었던 것 같다.

황금돼지 저금통을 농 위에 액세서리로 놓아두었다. 눈이 마주치면 "부자 되세요"라고 중얼거리는 것 같아 기분이 좋다.

노상방뇨

"여기가 어디요? 쉬하는 짓 그만 하시오." 충분히 멸시 투로 한 마디 뱉지 않을 수 없었다.

여느 때와 같이 산책길로 들어섰다. 가슴과 어깨를 펴고 심호흡을 하면서 빠른 걸음으로 걷기 시작했다.

좁고 굽이진 길을 돌자 돌담 앞에 한 남자가 방뇨하는 자세로 서 있다.

차양을 깊이 눌러 썼으므로 미처 그 남자를 알아채지 못 했다. 남자와의 간격은 2, 3미터 거리였다. 뒤돌아 가는 것은 내가 몰리는 것 같아 약이 오르고, 지나치기엔 난감해 잠깐 머뭇거렸다. 나이든 사람도 아니고 취객도 아닌 것 같았다.

보폭을 넓혀 빠르게 걸으며 남자의 뒷덜미에 대고 "여기가 어디요? 쉬하는 짓 그만 하시오." 충분히 멸시 투로 한 마디 뱉지 않을 수 없었다.

저녁나절 이곳 용연은 산책이나 운동을 하는 사람들의 왕래가 빈번한데다 낮 관광을 마친 외부인들이 한가로이 찾는 장소이다. 그 남자는 내가 한 마디 했음에도 수치심 같은 것도 없는지 당당히 서서 방뇨를 하는 것이다.

내가 왜 쉬, 쉬라 했는지…. 초등학교를 입학하자 처음 야외로 소풍 가던 날 어머니는 소풍가방을 내 어깨에 지워주며 아무 데나 오줌을 누면 안 된다고 하셨다. 들에는 뱀과 벌이 많고 가시풀도 있으니 조심하라고 하시며 어머니는 치마를 가운데로 접어 여미면서 조신하게 앉더니 치마로 앞을 가리는 본을 보여주었다.

그 시절 야외화장실 시설이 미비한 이유 때문만은 아니었을 것이다. 본을 보여 주었던 것은 몸가짐에 대한 예법을 알려주는 것이다. 그렇지만 우리 어머니들은 남자 아이에게는 그런 걸 가르쳐 주지 않았던 것 같다.

여자 아이에게 쉬를 시킬 때는 아이를 안고 조심스럽게 손바닥으로 앞을 가렸다. 남자 아이는 쉬, 쉬 하며 더 세게 내뿜으라고 부추기며 흐뭇한 표정이 되곤 했다.

3, 40년 전만 해도 남자 아이 백일이나 첫돌 때 발가벗고 찍은 기념사진이 흔했다. 남자 아이를 선호하던 풍조 때문에 남아 상징을 자랑스럽게 여겼던 탓으로 남자들의 우월감은 노상방뇨로 이어진 것이 아닌가 싶다.

얼마 전 친구가 전화를 하려고 전화 부스 앞에 서 있었는데. 정장을 한 남자가 부스에서 한참 만에 나오자 친구는 그 안으로 들어갔다. 전화 부스 밑바닥에는 오줌으로 흥건했으며 오줌 냄새가 역겨워 돌아설 수밖에 없었다고 했다. 실례한 그 남자는 무안해 하는 기색도 없이 오히려 쾌거를 치른 듯 한 몸짓으로 심드렁하게 걸어갔다고 했다. 요즈음도 그런 남자가 있느냐며 흥분하는 친구를 보며 우리들은 웃을 수도 없었다.

퇴근 후 폐문한 빌딩가에서 화장실 찾기가 쉬운 일은 아니지만 공중전화부스에서 염치없는 행위를 해야 하는가. 커피 집에서 커피 한 잔 값 주고 치르고 나오는 방법도 있지 않은가.

올 봄은 세계적으로 유행하는 색깔은 핫핑크라 한다. 핑크색은 심리적 안정감을 주는 색, 의식이 있는 색, 호황기 색깔 등 모두가 우리에게 희망을 주는 뜻이다.

무채색의 전화 부스를 핫핑크로 새 단장을 하면 생각하는 작용이 일어나 사물을 분별하고 깨달음으로, 의식이 있는 행동을 하게 될 터. 결례하는 행동을 자제하게 될지도 모른다.

노상방뇨는 이유가 어떻든 남자 자신을 귀하게 여기지 않는 천한 행위임을 알아야 한다. 남아 선호 사상이란 지금에 와선 구시대의 유물인 것을….

5

가설무대에서 얻은 아름다운 자유

주정(酒酊)받이

"아버지의 영원한 술 동무가 사랑하는 어머니여서 아버지는 행복하셨을 것이다."

중년 남자가 골목길 계단에 걸터앉아 무엇이 마땅치 않은지 눈을 치켜 떠 혼잣말을 하고 있었다. 술을 꽤 마셨는지 억양이 어눌해서 알아들을 수가 없었다. 한 노인이 대낮에 무슨 주정이냐며 한 소리 하고 지나갔다.

아버지 조카뻘 되는 사람이 술을 마시면 영락없이 우리 집에 찾아왔다. 우리 집과는 그리 먼 거리는 아니지만 만취한 그는 한길에서 고래고래 소리를 지르고 목청껏 떠들며 우리 집으로 오는 것이다.

동네 사람들은 멀쩡한 사람이 술만 마시면 왜 저러느냐고 입을 모은다. 그는 평소 홀어머니를 깍듯이 모시는 효자이고 착한 성품에 말수가 적은 순직한 청년이었다.

우리 집 대문에 들어서자 아버지 방으로 들어가 예의 바르게 인사를 하고 별 얘깃거리가 아닌 것을 종잡지 못하게 하는 그의 말은 요량이 없어 아버지 말고는 알아들을 수가 없었다.

아버지는 그의 말을 응, 하시다가 그래서, 음 하시며 관심 있게 끝까지 듣고 난 후 야채즙을 넣은 술을 입가심으로 주며 "남자는 매사에 진중해야지." 하시며 집으로 돌아가라고 하셨다. 돌아서는 그의 모습은 올 때와는 달리 순한 양 같아 보였다.

그의 가족들은 그가 술에 취한 것 같으면 묵묵부답으로 대하거나 자리를 피해 버린다. 집안에 사람이 없으면 그는 밖으로 나가 동네방네가 떠나가라고 고함을 지르는 것이다.

그가 주사를 하는 것을 가족들이 어르고 달래며 대화를 하고 챙겨주면 밖으로 뛰쳐나가지는 않을 것이라며 아버지는 늘 안타까워하셨다. 일찍 아버지를 여읜 그를 사랑으로 주정받이를 해 주었던 것이다.

아버지는 젊었을 때 술을 즐기셨다. 술을 드실 때 안주거리를 별로 드시지 않기 때문에 과실주에 야채즙을 섞은 술과 몸에 좋은 안주 감을 장만하는 어머니의 얼굴은 꺼림 없이 선선했다.

아버지는 술을 드시면 그간에 있었던 일들은 한꺼번에 쏟아내셨다. 어머니는 싫은 내색 없이 아버지가 잠자리에 드실 때까지 말을 주고 받으며 같이 앉아 계셨다. 아버지는 취중이지만 허튼소리나, 같은 말을 되풀이하지는 않아 비교적 얌전한 주사였다. 어머니가 회사 경영에 관여를 하고 있었기 때문에 사업에 대한 것이 거지반이었다고 기억한다.

술을 못 하시는 어머니가 밤늦게까지 아버지의 말 상대를 한다는 것은 큰 고역이었을 것이다. 하지만 어머니는 자식과 회사 직원에게는 술탈이 좀 나서라고 하셨고, 주정이나 주사란 표현은 한 번도 들어 본 적이 없다.

아버지는 딱한 처지의 조카에게 주정받이가 되어 주셨고, 어머니는 몸이 허약한 아버지의 왕성한 사업 의욕이 완화되길 바라는 마음에서 아버지의 사업에 대한 열변을 조용히 들었을 것이다.

아버지의 영원한 술 동무가 사랑하는 어머니여서 아버지는 행복하셨을 것이다.

술상 앞에 앉아 아버지의 말을 들으며 밤을 지새우는 어머니를 상상하니 아름다운 한 폭의 그림이 아닌가.

수장(水葬)된 탯줄

"습기와 통풍에 신경을 쓰면서 간수한 배꼽 줄이 자식 신체의 일부분인 양 여기셨던 것이다."

하얀 솜에 싼 것을 명주피륙으로 돌돌 말아 보석함처럼 예쁜 종이상자에 넣어 있는 두 개의 배꼽 줄을 봤다.

고리에 매달려 있는 이름표 하나에는 내 이름이 적혀 있었고 또 하나의 이름표는 남동생 것이었다.

죽은 동생들의 배꼽 줄이 없는 것이 의아해 하는 내 표정을 읽으셨는지 "너의 동생들은 하늘나라로 떠날 때 가지고 갔다." 고 하시는 어머니의 낮은 목소리는 어쩐지 슬픔을 억제하는 것 같아 더 물어볼 수가 없었다.

10년이 지난 내 배꼽 줄은 검누렇고 쪼글쪼글 말라 있는 것이 보기 흉하기까지 했다. 곱지도 않은 배꼽 줄을 왜 소중하게 간직하는지 궁금했다.

아기가 병으로 위급할 때 아기 자신의 배꼽 줄을 약으로 쓰면 소생한다는 어른들의 말을 반신반의하면서도 여러 자식을 잃은 어머니는 배꼽 줄을 태워버리거나 땅에 묻지 않고 생년월일과 이름을 써 붙여 상자에 넣어 두었다가 가끔은 들여다보곤 하시는 것이다. 하지만 어머니는 어느 자식에게도 약물로 사용하지는 않았다고 하셨다.

제2차 세계대전이 막바지일 때 일본군이 소개(疏開) 정책을 펴 제주 주민들이 강제로 제주를 떴다.

만삭인 어머니는 어린 남동생을 데리고 먼저 광주로 떠나셨고 살림살이와 양식은 어머니가 승선했던 다음 편 제목간(濟木間) 여객선에 실었는데, 항해 중 기뢰(機雷)에 의해 격침되어 많은 사람들이 생명을 잃었고 어머니의 손때 묻은 살림과 아버지의 애장품이 배와 함께 산산조각이 되어버렸다.

해방 후 집에 돌아온 어느 날, 집안을 정리하시다가 텅 빈 장롱을 보시더니 "너희들 배꼽 줄이 수장되었구나." 하시며 아쉬워했지만 가족들이 아무 탈 없이 돌아올 수 있었다는 안도감과 피난처에서 예쁜 여동생을 얻은 기쁨으로 어머니의 표정은 밝고 편안해 보였다.

문득 죽은 동생들의 배꼽 줄은 하늘나라에 갈 때 가지고 갔다는 어머니의 말이 생각났다. 어릴 때 호기심이 많던 나는 어머니에게 물어 봤다.

어머니는 침착한 억양으로 배꼽 줄은 아기의 것이니까 관에 넣어 주려고 했는데 젖먹이 때 부모보다 먼저 죽은 자식은 불효막심하다며 박하게 대한다는 의미로 목관이 아닌 한지로 싸서 매장한다는 것이었다. 그뿐 아니라 가족묘에 묻힐 수도 없으며, 무연고자 송장처럼 아무 곳에든 성의 없이 매장을 해버린다는 호상의 말에 어머니는 큰 충격을 받았던 것이다.

어머니는 묘소가 좋지 않으면 묘 속에 물이 고이게 되고 시체가 부유물처럼 떠다닌다는 말을 들은 적이 있어 동생 배꼽 줄을 정성껏 싸서 배 위에다 놓고 배꼽 줄이 떠내려가지 않게 엷은 명주 천으로 감싸 묶고, 수의를 입혀 달라고 호상에게 당부에 또 당부를 하셨다고 했다.

출산하자 탯줄에서 절단된 배꼽 줄은 마치 꽃 열매가 꽃받침에서 떨어지자 신진대사가 멈추고 생명력을 잃어버리는 것처럼 고사(枯死)되는 것을, 어머니는 습기와 통풍에 신경을 쓰면서 간수한 배꼽 줄이 자식 신체의 일부분인 양 여기셨던 것이다. 나와 남동생의 배꼽 줄이 수장된 이후, 무엇 때문인지 어머니는 동생들의 배꼽 줄을 간수하지 않으셨던 것 같다.

최근 냉동 보관 기능이 발달하면서 제대혈(臍帶血)을 보관했다가 필요할 때 쓴다고 한다. 분만 시 탯줄에서 채혈된 혈액을 본인이나 직계가족들이 백혈병에 걸렸을 때를 대비해서 냉동 보관하는 사람들이 증가하는 추세라는 것이다.

옛 사람들이 배꼽 줄을 약물로 사용한 것은 오랜 세월 삶에서 겪은 경험과 본디 인간의 지혜에서 얻은 것이고, 탯줄 혈액을 백혈병 치료약으로 활용하게 된 과학의 업적 사이에는 일맥상통하는 부분이 있어 경이롭다.

신안내(愼安乃) 여사

"할머니는 조부의 학구열이 생계에는 도움이 안 됐지만 건넌방에서 글을 쓰고 읽는 조부를 자랑스럽게 여겼다."

'신안내' 여사라 함은 아버지 형제 세 분이 모여 모처럼 화기애애한 분위기일 때 할머니를 부르는 호칭이다. 그리움과 존경심에서 부르는 것 같지만 딴은 마냥 즐거워하는 것을 보면 애칭이기도 하다.

네다섯 살 때 봤던 할머니는 내가 고개를 힘껏 젖혀도 절벽 앞에 서 있는 듯 할머니 얼굴을 볼 수 없었다. 그러니까 키는 장성한 아들과 비슷했고 큰 보폭으로 성큼성큼 걷는 자세는 반듯하고 당당하여 위엄이 있었다고 한다.

봉건사회에서 근대적인 사회로 전환되는 개화기(開化期) 전해인 1875년생인 할머니는 정규 교육은 받지 못했지만, 학문으로 얻은 지식과 식견을 겸비했던 남편인 조부에게 인간의 기본 도리를 배웠던 것 같다.

조부는 한학을 하시던 분이었는데 신학문을 접하자 심취하게 되었고, '선교의 난리'때 곤욕을 겪은 후 칩거하면서 돌아가실 때까지 오로지 학문에만 전념했다. 학자적인 풍모가 몸에 배어 있었을 뿐만 아니라 호미 한 번 들어본 적이 없는 조부의 손은 부드럽고 고왔다고 한다. 할머니는 조부의 학구열이 생계에는 도움이 안 됐지만 건넌방에서 글을 쓰고 읽는 조부를 자랑스럽게 여겼다.

막내아들인 아버지 나이 열한 살 때 조부는 돌아가셨다. 할머니는 생활이 어려워 생계에 위협을 느꼈으나 자식들을 육지와 일본으로 유학을 보낼 만큼 교육열이 대단한 분이었다.

한 번은 이웃에 사는 친정 동생 집에서 붓을 빌리러 왔었다. 할머니는 불편한 표정으로 붓을 건네주고는 '그 돌상에 호미나 괭이를 놓지 웬 붓을….' 하며 혼잣말로 투덜댔다. 부유한 처지이면서도 자녀 교육에 관심이 없는 동생을 늘 못마땅하게 생각했던 때문이다.

제주 성내에 있는 산지(건입동) 청년들이 중심이 된 산지용진회(山地勇進會,1912년 발족) 활동은 경술국치 후 청년들과 부녀자들의 반일에 대한 절실한 감정의 표출이었다.

당시 30대 중반이던 할머니는 부녀자들과 함께 용진회 발족에 앞장섰을 뿐 아니라 돌아가실 때까지 그 조직의 활동에 남다른 열정을 지니고 있었다.

용진회 모임에 아들까지도 참여케 했는가 하면 그런 할머니의 영향으로 셋째 아들인 숙부는 일본으로 유학 가기 전후해서

17년 간 회장직을 맡기도 했다.

어느 해던가, 연승했던 산지 용진회 축구팀이 숙적인 화북 축구팀과의 경기에서 동점이 되었고 연장전과 승부차기에서도 끝내 승패를 가리지 못했다. 마지막엔 추첨 결과 화북팀이 승리했다. 산지 주민들은 비탄에 잠겼고 응원단들은 눈물을 흘리기까지 했다.

화북팀은 트럭에 우승기를 세우고 응원가를 부르며 광양에서 출발하여 제주 시내를 돌다가 사라봉과 동초등학교 사이 지점에 왔을 때였다. 하얀 옷을 곱게 차려 입은 건장한 부인이 양팔을 벌려 트럭 앞을 가로막는 것이 아닌가. 트럭 운전사가 놀라 차를 멈추자 그녀는 재빠르게 트럭에 올라가 우승기를 들고 차에서 내려왔다. 그녀가 바로 신안내 여사였다.

여사는 추첨으로 우승을 가린다는 것은 경기 실력이 아니니 한 번 더 연장전으로 승패를 가려야 한다는 주장을 강력히 내놓은 것이다. 그때는 아마도 심판 권한으로 연장전을 더 치를 수 있었던 것 같다. 그 후 할머니는 우승기 빼앗은 여장부라 불리었고 온 성내에 소문이 떠들썩했다. 체구가 크고 다리가 길며 틀거지가 잡혀 있는 것이 전설에 나오는 설문대 할망을 닮았다 하여 사람들이 '설문대 할망'이라고도 했다.

집에서는 농사를 짓는 촌부였으나 크고 작은 행사가 있을 때는 명주 치마저고리 차림이었고, 머리는 한 올도 흐트러짐이 없는 깔끔한 모습이었다.

부모님 신혼 때였다. 어머니는 아버지와 겸상으로 식사를 하고 있었는데 갑자기 오신 할머니는 놀란 표정으로 밥상을 내려다보고 있는 것이다. 눈치 챈 어머니는 밥그릇을 내려놓았다.

할머니는 아무 말 없이 잠잠히 서 있었다. 당황해 하는 어머니에게 "너희 친정집 하는 식대로 하지 뭐." 하셨다. 어머니는 한마디 지천의 말이라도 할 법한데, 무엇을 작정한 것처럼 명쾌하게 말하는 할머니에게 처음으로 호감을 느꼈다고 한다.

어느 날 꿩엿 단지를 들고 온 할머니는 어머니에게 단지를 건네주며 "몸이 약한 네 남편 먹여라. 약은 나눠 먹는 것 아니다." 하시고 대문으로 걸어가셨다. 어머니는 꿩엿이 무슨 약인가 하며 조금은 멋쩍어 하고 있는데 되돌아온 할머니는 아들만을 생각하는 속정을 보인 것이 민망한지 "애야, 너는 건강하지." 하시고는 휙 돌아 나가셨다는 것이다.

부유한 집 딸인데다 신교육을 받은 며느리가 넉넉지 못한 시집에서 고생하는 것이 고맙고 대견스러웠지만 집안 법도에서부터 제사상 차리기까지 당신이 살아온 방식대로 엄하게 다스렸다고 한다.

할머니는 상대방의 낌새를 알아차리고 배려하는 섬세한 성격이며, 서로 다른 상황에서도 이해를 하는 기지가 있는 분이었다.

지금 세상에 살아 계셨다면, 가난한 가게를 꾸려 나가면서 사회 문제에도 적극적으로 참여하며 씩씩하게 산 그 영특함으로 성공한 CEO가 되었을 법하다. 어쩌면, 축구를 좋아했으니 축구단 단장이 아니면 엄격하고 공정한 명심판으로 이름을 떨쳤을지도 모른다.

어머니와 동백꽃

"어머니는 동백꽃이 활짝 피어나면 가버린 딸이 찾아 온 듯 기쁜 마음으로 대화를 했을 것이다."

오래된 동백나무 화분이 베란다 한 쪽에 놓여 있다. 햇볕이 잘 들어 이따금 물만 주면 싱싱하게 자라더니 지난 봄 언제부턴가 나무가 윤기를 잃고 말았다. 노란색 꽃술도 성겨 힘이 없어 보인다. 안쓰러운 생각이 들어, 먹다 남은 비타민 두 알을 바깥쪽으로 묻어 주었다. 놀랍게도 올해는 생기가 돌고 탐스러운 꽃을 활짝 피워 아름다운 자태를 뽐내고 있다. 황금색 꽃술은 붉은 꽃잎과 어우러져 화려하기 그지없다. 비타민 두 알의 효과가 이렇게 클 줄이야…, 쌀뜨물이나 적비만을 주어 자연 그대로의 꽃나무를 키우던 어머님이 보셨으면 "그대로 놔두지 않고" 하시며 꾸지람을 했을지도 모른다.

생기를 되찾은 동백꽃을 바라보노라니, 돌아가신 어머니와 다섯 살에 세상을 뜬 동생이 떠오른다.

어머니는 첫 딸을 잃은 후에 태어난 나와 동생까지도 여자라, 다음 애는 아들이기를 원했던 것 같다. 동생이 걸음마를 시작할 무렵부터 남자아이처럼 옷을 입히고 좋아하셨으니 말이다.

동생은 깊은 쌍꺼풀이 시원한 눈매와 오뚝한 코, 한 일 자로 꼭 다문 입술, 예쁘다기보다 잘생긴 아이였다. 약간 긴 스포츠형의 머리에 털실로 손수 뜬 바지와 재킷을 입혔다. 그때는 남자아이만 입던 바지를 동생에게 입힌 것이다. 어머니는 한결같이 예쁜 남자아이 차림으로 데리고 다니며 사뭇 즐거워 하셨다.

남장이 잘 어울리던 동생은 어느 날 밖에서 놀다 들어와 "엄마, 내 바지는 구멍이 없어. 내 것은 막혀 있어." 했다. 소피보는 남자아이를 처음 본 동생, 성의 구별이 없이 뛰놀던 나이였으니 이상했을 것이다. 어머니는 대답 대신 그냥 가볍게 미소만 지을 뿐 말이 없었다.

동생은 남장 탓인지 동네에 나가면 자기보다 위 또래의 남자아이들을 따라 다니며 놀이를 하곤 했다. 하루는 놀러 나간 동생이 땅거미가 질 무렵까지 돌아오지 않자 나가 보니 집 옆 창고 빈터에 아이들이 빙 둘러서서 뭔가를 구경하고 있었다. 가까이 가 보았더니 열두어 살 되어 보이는 사내아이 두 녀석이 바지를 반쯤 내리고 누워서 배에 힘을 주며 누구 오줌이 더 높이 솟아오르는지 겨루기를 하고 있었다. 순간 너무 놀라 동생의 손목을 세차게 낚아챘다. 손목이 아프도록 힘껏 잡고 집으로 돌아온 것이다. 동생이 남자아이와 어울리는 것도 못마땅했고, 더구나 오줌 놀이하던 한 아이는 평소 버릇이 없는데다 잘난 체하는 것이 싫었던 터라 화가 더 났다. 내 자신이 못 볼 것을 본 것처럼 얼굴이 붉어졌고 동생에게 눈길도 주기가 싫었다.

그날 밤 동생은 내 거친 기세에 겁을 먹어 그랬는지 열이 높고 경기를 몇 차례인가 했다. 한의사가 와서 시침(施鍼)으로 진정시켰으나 며칠 동안 폐렴을 앓더니 저 세상으로 가고 말았다. 그 뒤 어머니가 벽 쪽으로 돌아앉아 온몸을 떨며 우시는 것을 자주 볼 수 있었다. 지금도 그 모습을 잊을 수가 없다. 절망적인 슬픔은 몸으로 운다는 것을 이제야 깨닫는다.

일곱 살이던 나는 오줌놀이 사건을 어머니께 차마 말할 수가 없었다. 두려웠을 것이다.

오랜 세월이 지난 후 아픈 상처가 치유됐을 무렵에야 조심스럽게 오줌놀이가 있었던 것을 어머니께 말씀드렸다. "역시 놀라서 병이 났었구나, 내가 왜 남자아이 옷을 입혔던고." 자책하는 말을 되풀이하시는 어머니 모습이 너무나 애처로웠다. 자식의 죽음은 가슴에 묻는다고 하는데 기억을 되살아나게 한 내가 죄송스럽고 슬펐지만 잘못에 대한 고해성사라도 한 것처럼 마음이 편해졌다.

동생의 이름은 춘자(椿子)였다. 춘은 대춘나무 춘이라고 한다. 대춘나무는 중국 고대에 있었던 큰 나무로, 8,000년은 봄으로, 8,000년은 가을로 하여 3만 2천년을 인간의 한 해로 사는 나무라 한다.

오래 사는 것을 춘수(椿壽)라 하는데, 비록 전설의 나무라 할

지라도 동생의 이름에 그 글자를 썼음은 장수를 기원했던 것이 아닐까 싶다. 그러나 뜻밖에 일어난 불행한 일을 두고 춘사(椿事)라 하니 동생의 이름은 결국 춘사를 부른 셈이 되었다.

어머니는 동생을 잃고 나서 동백을 울타리에 심었다. 집을 옮길 때마다 두어 그루의 동백나무를 심어 정성껏 보살폈다. 동백을 그렇게 사랑한 것은 일본 사람들은 춘(椿)을 쓰바기(つばき)라 하여 동백꽃을 뜻한 데서 연유한 것 같다.

어머니는 동백꽃이 활짝 피어나면 가버린 딸이 찾아온 듯 기쁜 마음으로 대화를 했을 것이다. 어느 날 땅에 떨어진 동백꽃을 만지면서 '다른 꽃들은 만개한 후 아름다움을 자랑하다기 한 잎 두 잎 떨어져 수명을 다 하는데, 너는 어찌하여 아름다움을 간직한 채 통째로 떨어지느냐.'라고 한을 토하듯 말하는 것이었다. 춘자의 죽음과 동백꽃이 떨어짐을 어떤 연관처럼 여기고 계신 듯했다.

독서를 하거나 꽃을 가꾸면서 건강하게 노경을 보내시던 어머니는 1년여 동안이나 힘든 병상 생활을 하시다가 돌아가셨다. 핏기가 가신 모습으로 석고상처럼 거실 의자에 앉아 동백꽃을 바라보는 얼굴엔, 춘자와의 만남을 예감이라도 한 듯 가벼운 미소가 흐르고 있었다.

베란다 화분에서 활짝 피어난 동백꽃을 본다. 어머니는 동백꽃길을 넘어 예쁜 동생을 만나 3만 2천년을 한 해로, 오래 오래 살며 이 세상에서 못다만 한을 풀고 계시리라. 영원히 자라지 않았을 다섯 살인 딸을 위해 뜨개질도 하시며 더 없는 행복을 누리고 계실 어머니를 언젠가 나도 만나게 될 것이다.

활짝 핀 어머니와 동백꽃의 얼굴이 겹친다. 어린 동생의 얼굴도 함께 겹쳐 온다. 어릴 적 내 기억 속에 살아 있는 고운 얼굴이다.

잘 보이는 거실 맞은편으로 화분을 옮겨 놓는다.

가설무대에서 얻은 아름다운 자유

"강당에서 내다보는 울울한 수목을 보며 이제야 내 자신을 찾은 것 같은 희열을 느끼곤 했다."

어렸을 때 나에게 여러 가지의 별명이 있었다. 아기 때는 아기의 모습이나 버릇에서 오는 언행을 보고 친근하게 부르는 애칭인데, 내 경우는 그런 것 같지 않았다.

나에겐 유독 영향을 주는 사물이나 상황에서 일어나는 모양에서 불린 별명이 많았다.

언니는 내가 태어나기 전에 어머니 곁을 떠났고, 두 여동생은 홍역과 폐렴으로 갔으며 그 밑의 남동생들은 백일도 되기 전에 세상에 흔적 하나 남기지 않고 죽었다. 외가에서는 살아있는 귀한 손녀라 해서 '은동이야, 금동이야'라고 불렀다.

돌이 지나자 알고 있는 단어를 띄엄띄엄 말했고, 비틀거리며 겨우 걸음발 탈 때였다. 부모님은 외출중이라 나는 남자 직원과 동물그림 딱지놀이를 하고 있었다. 집에 돌아온 어머니는 창고에 있던 많은 상품이 없어진 것을 보고 놀랐지만 어릴 때부터 데리고 있던 직원이라 의심조차 하지 않았다. 어머니는 한탄을 하시며 무릎에 앉아 있는 내게 "누가 가지고 갔는지 너는 알겠느냐." 무심코 지나가는 말로 했더니 고개를 끄덕거리는 것을 보고 나를 업고 손가락으로 여기, 저기, 가리키는 방향대로 갔더니 직원 집 안방에 있었다. 그는 나를 업은 채 리어카에 실어 갖다 놓았던 것이다. 그래서 붙은 별명이 '도독(도적) 잡은 아이'였다.

어릴 때 말수가 없고 잘 울지도 않아 장난감과 그림책만 있으면 혼자서 잘 노는 아이라고 해서 '업개 없이 노는 아이'라고도 했다.

해방 다음해 중학교에 진학할 무렵, 콜레라가 돌아 제주는 육지와의 교통이 두절됐고 섬이 고립되면서 서울에 있는 중학교에 진학할 수가 없었다. 제주에서 신설된 중학교에 입학했지만 4·3 사건에 휩싸인 터라 사회 분위기는 불안과 긴장이 심화돼가고 있었다.

초등학교 교사가 만든 독서회는 우수한 학생들의 모임이라고 해서 우리는 자랑스럽게 생각을 했다. 독서회에서 삐라와 많은 팸플릿을 봤다. 누가 적인지 모르지만 막연히 그들에게 적개심이 일었고 그 글 한마디 한마디에 간절함이 절절히 배어 있었다.

데모에 참여했고 동맹휴학도 시도했다. 우리는 자신도 모르게 새끼에 매인 돌멩이처럼 누구인가에 끌려가고 있었다. 동네 어른들은 누가 잡혀가고 누구는 죽었다고 소곤거렸다.

어느 날 14세 소녀들이 독서회 관계로 경찰에서 조사를 받았다. 우리는 소리 없이 울고 있었다. 누구인지 울지 말고 당당히 행동하라고 했지만 형사가 죄인처럼 대하는 것이 분하고 슬퍼서 계속 울고 있었다. 아버지께서 신원보증을 하고 우리는 집으로 돌아왔다.

아버지의 위협적인 권유도 있었지만, 육지부 학교와 우리의 학력 차가 크다는 것을 알게 되면서 더욱 안정된 환경에서 공부를 하고 싶었다. 그래서 광주로 떠났다. 전통 있는 환경이 좋았고 시설이 훌륭한 학교에서 학생다운 생활을 하고 있었다.

찬바람 불던 어느 날, 여 순 반란 사건이 일어났고 강당 찬 마루 바닥에서 몇 시간씩 시국 강연을 들어야 했지만, 강당에서 내다보는 울울한 수목을 보며 이제야 내 자신을 찾은 것 같은 희열을 느끼곤 했다.

고등학교 2학년 때 6·25 전쟁으로 공산군이 서울을 침공한지 한 달쯤 해서 광주를 떠나 마지막 제목간(濟木間) 여객선으로 고향에 왔다.

남하해 피난 온 사람들은 폭격으로 집이 파괴되고 가족들을 잃었지만 살기 위해 길거리에서 좌판을 받아 앉아 있었다. 그들을 보며 우리는 4·3의 아픔을 자위하고 용기를 얻은 것일까, 도민들의 얼굴은 이외로 밝아 보였다.

집에 와 있는 동안 우울증이 나를 괴롭혔다. 덩달아 친구 기피증이 생겼다. 길가에서 만난 친구들이 그리 반갑지가 않았다. 어쩌다 만난 친구들이 나를 모함할 것 같은 불안감이 일었다.

누가 전단을 뿌렸고, 데모와 동맹휴학을 선동했다고 했을까,

나는 시기적으로 이미 광주에서 공부를 하고 있었는데, 선동을 했다는 이유로 광주에서 연행되어 조사를 받게 한 친구가 누구일까, 멀리서 걸어오는 친구를 보면 뒤돌아 가기도 했다.

한동안 두문불출 하는 나에게 어머니는, "친구들이 네가 선동했다고 하지 않았을 것이다. 경찰에서 진실을 조사하기 위해 여러 사람을 범인으로 가정해 놓고 조사를 할 수도 있으니 친구와 더 가까이 지내라."고 타이르셨다.

부산에 있는 가건물에서 대학 입학시험을 치렀으며 환도와 함께 서울 본교에서 강의를 받게 되었다. 서울은 이전에 한 번 봤던 조용한 도시가 아니었다. 많은 사람들이 빠른 걸음으로 오가고 그들의 표정은 생기가 있어 보였다.

우리는 고전과 현대 음악회를 넘나들며 찾아 다녔고 용돈을 아껴 연극과 영화를 보면서 젊음을 만끽했다.

힘들었던 약사고시가 끝나자 기쁨보다는 아버지 급환으로 나를 우울하게 했다. 공부를 계속하고 싶어 준비중이던 나는 1년간 집에 와 있으라는 간곡한 아버지 말씀을 거역할 수가 없었다.

제주여자고등학교에 근무하던 중 은사였던 사범학교 S교장선생님의 권에 따라 자리를 그리로 옮겼다. 그 때 나는 불만 투성이었고, 뛰쳐나가고 싶은 충동이 하루에도 몇 번씩 일어나 자신을 자제하느라 힘들었던 시기이기도 했다.

학생들은 순박하면서도 어른스러웠다. 각 중학교에서 우등생이었던 그들은 과목에 대한 편향성도 심하지 않았으며 모든 과목을 고루 성실하게 공부를 하고 있었다. 순진무구하다고나 할까 젊은 여선생이 신기한지 엉뚱한 질문으로 난처하게 할 때도 있었지만 밉지가 않았다.

국어 선생님의 책상 위에 놓여있는 학생들의 일기장을 몰래 보는 재미 또한 쏠쏠했다.

8년여 교직생활은 덕을 깨닫게 했고, 정신적인 안정감을 되찾은 기회이기도 했다.

언제부턴가 내 본업을 찾고 싶어 약국을 개업하기에 이른다.

40대는 고난의 연속이었다. 많이 뒤척이고 흔들리며 시달렸다.

아버지가 당뇨병으로 투병 중 병세가 악화되어 회사경영이 어렵게 되었다. 외가의 한 분에게 운수회사 경영을 맡도록 했는데 어찌된 노릇일까, 3년 뒤 그는 부자가 되어 육지로 떠났고 아버지는 돌아가셨다.

대학을 갓 나온 동생이 맡게 된 아버지 유업인 운수회사는 주식회사로는 도내에서는 처음 설립된 회사로 규모가 컸다. 성실하게 경영하던 중 하역 인명사고로 어려움을 겪은 동생은 한때 상실감에서 헤어나지 못하다가 사업이 버거웠는지 상의도 없이 회사를 처분했다. 뒤늦게 알게 된 가족들은 청천벽력이었다. 그 후 동생은 갑자기 뇌출혈로 세상을 뜨고 말았다.

동생들에게 회사를 넘길 준비를 하시던 아버지가 어느 날 쉰 듯한 목소리로 힘없이 전화를 하셨다. "아무에게도 말하지 말고 너 혼자 집에 오너라."라고 하셨다.

아버지 방으로 들어갔더니 어머니는 긴장된 모습이었고 분위기는 무거웠다. 힘들게 일어나 앉은 아버지는 "네가 조선소를 운영하거라."라고 하시는 것이다.

청년시절 대사업가의 꿈을 꾸며 운수업을 하면서도 조선업에 뜻을 둔 아버지는 일제 때 일본인 소유의 조선소를 매입했다. 대 선박을 상가(上架)할 수 있는 시설을 계획하고 2000여 평의 매립허가를 받고 공사를 시작했다. 바다를 매립하는 데는 많은 자금이 필요했다. 운수회사의 자금까지 출자하여 전력을 다해 공사가 완료될 즈음 아버지는 병상에 눕게 된 것이다.

아버지의 사업에 대한 열정과 정성을 알고 있었기 때문에 나는 황송했고, 나를 배려해 주시는 아버지의 빈약한 어깨를 보며 눈물이 돌았다. 아버지는 그대로 주었다고 하면 말이 있을 수 있으니 몇 번에 나누어 너의 약국 형편대로 용돈으로 달라고 하시고는 손수 내 이름으로 매각증서를 써 주셨다.

아버지는 약국에 붙어 있는 단칸방에 사는 내 처지를 안타까워 하셨던 것이다. 용돈이라고 했던 액수는 조선소 시가의 몇 십분의 일도 되지 않는 액수였다.

어느 날 인슐린 주사를 놓아 드렸더니 나에게 수고가 많다고 하시며 "아무개의 욕심은 하늘을 찌른다."고 하셨다. 다음 말을 들으려고 했지만 조용히 눈을 감아버렸다.

평생을 나와 특별한 동반자로 살겠다던 그는 가면을 쓰고 있었다. 조선소를 둘러 싼 이런 저런 우여곡절 뒤 나는 빈 몸이 되었다.

약국을 하면서 성실한 사람들에게 많은 것을 배웠다. 친지한 분이 "세상에는 나쁜 사람만이 있는 것이 아니니 마음을 닫지 말고 살았으면 좋겠다."라고 하셨다. 꼬집어 말할 수는 없지만 여러 가지의 의미가 함축된 말이라서, 지금도 그 말을 담아두고 있다.

경찰서 앞을 지나가는 것을 꺼리고 피하던 내가 거듭고자 하는 경찰의 선진질서위원회에서 봉사활동을 시작으로 적십자 봉사활동에 20여 년 간 참여했고 어머니의 염원이었던 의녀 김만덕 기념 사업회에도 열정을 가지고 관여했다.

타의 반, 자의 반에 의해 지방의회 첫 여성 의원이 되었다. 수준 높은 정치를 요구하는 도민들의 바람이 무엇인가를 알아야 되겠다는 정열과 의욕이 조금은 도전적 의정활동을 하게 했던 것 같다.

'권리 위에서 잠자는 것은 보호받지 못한다.'는 격언이 있듯 지방자치화 시대에 여성들의 정치와 사회 참여로 더욱 창조적으로 변화되어야 한다는 주어진 사명감으로 최선을 다했다.

약사회 회장을 하면서 절실하게 느꼈던 것은 전문직이 사회에 대해 봉사를 할 의무가 있음을 깨달은 것이다.

나는 지금 반라의 몸으로 이 글을 쓰고 있다. 말라빠진 나목처럼 서 있는 것이 힘이 부치다. 나를 버리지 못한 탓일까.

나는 반평생을 가설극장에 서서 배경음악 없이 독백을 하고 있다. 미움과 욕심을 쏟아내고 있지만 그것은 가설에 불과한 것이지 정리(定理)가 될 수 없음을 글을 가까이 해서야 깨닫게 되었다.

지금 나는 다 비워내고 있다. 허허롭다. 아름다운 이 자유.

예순 한 송이 장미꽃

"아직도 아름답게 늙는 예지를 터득하지 못한 언니가 아닌… 소녀같이…."

올해 환갑인 여동생에게 전화를 했다.

"너의 환갑 어쩔 건데, 내가 서울로 갈까?"

"나이 먹은 것 자랑할 일 있어요?"

이외의 반응이었다. 수화기 잡음 때문인지 동생 음성은 금속성인 노란색이었다.

동생은 딸 둘을 두고 있는데 둘 다 미국에서 유학 중이다. 지난 달 박사학위를 받고도 계속 공부를 하는 큰딸이 시집을 갔다. 결혼식 10일 전에 귀국해서 결혼을 하고 신혼부부는 신방 치른 뒤 시댁과 친정에 하루씩 묵고는 미국으로 되돌아갔다.

동생 부부는 첫 아이라 경황없어 했는데 자식들이 떠난 후 상실감으로 표현할 수 없는 심경이었을 것이다. 자신보다 남편이 더 섭섭해 한다는 동생 말이 생각났다. 노란색 목소리는 동생 부부가 아직도 서운함과 아쉬움에서 헤어나지 못한 것일 게다.

동생은 자식들을 올바르게 교육을 했던 것 같다. 딸들은 예의가 바르고 앞서지도 않으며, 자기가 할 일은 부모 의견을 참고 할 뿐 스스로 판단하여 해결하는 것을 자주 봐 왔다. 동생은 아이들에게는 냉정하다 싶을 만큼 엄하게 했다.

대학에 수석 합격했을 때나 오랜만에 미국에서 귀국했을 때, 나는 조카에게 달려가 손을 잡거나 껴안기도 하지만 동생은 먼발치에서 가볍게 웃을 뿐이었다.

감성적인 충동에 흔들리지 않는 능력이 있는 것은 동생에게 사물의 이치나 옳고 그름을 가리는 지혜가 있기 때문일 것이다. 그러면서도 매사에 넘치지도 않고 모자람도 없이 정성스럽고 참되게 사는 모습이 나를 감동케 한다.

환갑이란 누구에게나 돌아오는 예정된 탄생일이다. 노경에 들어섰다는 의미를 받아들이고 싶지 않겠지만 아름답게 늙는 지혜를 만들어 가며 새 인생을 시작하는 나이라고 동생에게 말해주고 싶다.

동생의 환갑날 서울에 있는 올케와 분홍색 장미 예순 한 송이를 예쁜 꽃바구니에 담아 보내기로 했다. 그리고 동생에게 생일 축전을 보냈다.

"지원이랑 혜윤이 반듯하게 키웠고 성실하게 사는 너를 보며 늘 아름답다고 생각했다. 너의 생일을 축하한다. 언니가."

"아직도 아름답게 늙는 예지를 터득하지 못한 언니가"라고 쓰고 싶었지만 소녀같이…. 하며 동생이 노란색 목소리를 낼 것 같아 혼잣말로 삭이고 말았다.

다음 날 동생에게서 예순 한 송이 장미꽃처럼 고운 핑크색 목소리의 전화를 받았다.

붉은 라벨의 약병

"유전자 치료법으로 완치가 된다 하니 쾌재를 부르고 싶은 심정이다."

당뇨병 완치의 길이 열렸다는 보도가 있었다. 유전자 치료법으로 세계 첫 개발이며 몇 년 후 실용화된다고 한다.

빅뉴스임에 틀림없으나 진즉 개발되었더라면 하는 안타까움으로 마음이 착잡하다.

30여 년 전 아버지는 당뇨 합병증으로 돌아가셨다. 긴 병상에서 투병하던 아버지의 모습과 붉은 라벨의 인슐린 병이 서로 교차하며 가슴을 조여오고 있다.

아버지는 젊었을 때 멋쟁이었다. 외출 시는 흰 구두를 신었고 정장차림을 좋아했다. 아침에 일어나면 머리손질과 붓글씨로 일과를 시작했다. 투명한 녹색 포마드를 손바닥에 얹어 비빈 후 머리에 고루 바르고 정성스레 빗질하며 단장이 끝나면 큰 벼루에 먹을 갈고 붓을 듬뿍 적신 후 벼루 바닥에 붓끝을 다듬어 한 획 한 획 써 내려가는 예스러운 모습과 묵향이 어제인 듯 아픔으로 남아 있다.

술과 차를 좋아했던 아버지는 애주가이기보다 술벗과 분위기를 좋아해서인지 아버지의 방은 항상 화기애애한 술자리였다.

차를 들 때면 술과 달리 다연(茶煙) 속에 혼자 앉아 있곤 했다. 그럴 때는 깊은 생각을 하는 것 같아 가까이 하기가 어려웠다. 차의 첫 모금은 혀 위에서 굴리듯 하고 향과 맛을 음미하며 천천히 가슴으로 넘기는 것같이 보였다.

아버지는 동적인 술과 정적인 차를 좋아하는 이중성의 정서를 가지고 있었던 것이다.

20대에 사업을 시작한 아버지는 성공한 사업가였지만 50대에 얻은 당뇨병은 아버지를 괴롭혔다. 치료약보다 절제하며 관리해야 하는 병인데 사업상 잦은 술자리는 식이요법을 어렵게 했다. 그때만 해도 경구용 약은 없었고 오직 인슐린 주사약뿐이었다. 10여 년 간 아침저녁으로 맞는 주사침 부위는 딱딱해졌고 불그스레 짓물러 심한 통증까지 있었다. 주사할 때마다 약학을 전공한 내가 다스릴 수 있는 치료약조차 없으니 자괴감에 빠질 수밖에 없었다.

그런 나를 본 아버지는 "걱정 마라, 당뇨병은 내 친구야." 하시며 눈을 감더니 벽 쪽으로 돌아눕는 것이다. 사업열이 강했던 아버지는 좌절의 표정을 자식에게 보여주고 싶지 않았을 것이다.

통증이 심한 병상에서도 큰 신음소리나 짜증을 내는 일이 없었으며, 간호하는 어머니에 대한 배려가 극진하여 어머니를 더 슬프게 했다. 그러던 어느 날 잠을 자고 싶다며 잠이 들었다. 죽음의 문턱에 서 계시니 통증이 말끔히 가셨는지 홍조가 돋아나며 얼굴이 밝아졌다.

그것이 죽음이었다. 당뇨병이 친구라고 했던 아버지는 그 친구에게 불평 한 마디 없이 조용히 가셨다.

한동안 약장에 진열된 검붉은 라벨의 인슐린 병을 보면 독약을 본 듯 섬뜻섬뜻 했다. 극약 표시가 붉은 색인 까닭일까. 치료약임에도 아버지에게는 고통의 약, 죽음의 약이라고 믿고 있었던 치료약에 대한 한계를 실감하며 병상을 지켜봤던 나의 무력함 탓일까.

언제부턴가 검붉은 인슐린 주사병 라벨이 편안함을 주는 부드러운 파스텔 색조로 바뀌어 있어 희망을 주는 행운의 약으로 보였다.

유전자 치료법으로 완치가 된다 하니 쾌재를 부르고 싶은 심정이다.

아버지가 살아 돌아오신 것 같은 느낌이 가슴을 따뜻하게 하고 있다.

한(恨)이 된 부지깽이 매

"인두질 할 때 가끔 손목에 힘을 주며 눈을 지그시 감는 것은 옛 한을 가슴으로 삭이려 하셨음인가."

고 만호(萬戶 : 만호란 종4품의 무관직 벼슬이며 민호(民戶) 만개를 도맡아 다스리는 직위를 말하는 것이다) 칩(집)이라 불려진 외가는 선조 5대가 만호였는데, 가까이는 외조부의 조부 형제 두 분이 만호(萬戶)였다고 한다.

고 만호(萬戶)집 네 자매 중 둘째인 우리 어머니는 활달한 아이였다고 한다. 어른들은 탐탁하게 여기지 않았지만 어머니는 이웃 아이들과 어울리는 것을 무척 좋아했다.

외조모는 친구들과 출렴(出斂)한다며 알게 모르게 고방에 들어가 이것저것 뒤적이다 없는 것은 곳간까지도 드나드는 딸이 불만이었다. 하지만 추렴이란 말뿐이고 넉넉지 못한 이웃 아이들을 먹이려고 가지고 나가는 딸을 보며 인정이 있는 사람이 되겠구나 하고 흐뭇해하기도 했던 것이다.

예로부터 글을 가까이 하는 집안 분위기 때문인지 어머니는 어릴 때부터 어깨 너머로 배운 글을 대문, 중문, 소문에 분필로 쓰고 다녔지만 어른에게는 장난이려니 하고 별 관심을 끌지 못했다.

어머니 나이 열두 살 때 혼사 말이 오가자 눈치를 챈 어머니는 벽, 덧문, 돌담 할 것 없이 온 집안을 낙서로 메웠다. 학교에 가고 싶다는 의지를 내보였던 것이다.

어머니보다 여덟 살 위인 큰 이모는 아홉 살 때 혼약을 하고 열네 살 때 한 살 손아래 신랑과 결혼을 했다. 큰 이모 시댁은 죽성 고을에서 쟁쟁한 부농인네 이문(里門) 인 열두 대문 집이라 불렀다. 동네 어귀에 있는 문부터 큰 이모 시댁까지 열두 개의 대문이 있다는 뜻이다.

큰이모 시댁에서는 아들이 서울에 유학 가 있는 동안 어린 며느리를 배려해서인지 달포에 한 번 친정 나들이를 보냈다.

큰이모가 친정으로 말미 가는 날, 나들이옷을 곱게 차려 입고 도사리(몸종)를 앞세우고 서너 시간 걸리는 성내 친정집으로 내려오곤 했다. 어느 날 대문에 들어선 큰이모의 치마가 너덜너덜 찢겨 있었다.

집안사람들이 놀라 이모 주위로 모여 들었다. 큰이모는 찢어진 치마를 들어 보이더니 아기처럼 두 다리를 뻗고 맨 땅에 앉아 우는 것이다. 함께 온 도사리는 뭐라 말하기가 난감한지 울상이었다.

큰이모는 오솔길 양 옆에 뻗어 나온 가시나무 덤불에 짐짓

치맛자락을 걸어 당겨 겉치마와 속치마를 찢겨 나가게 했다는 것이다. 어린 마음에 사방에 널려 있는 가시나무 넝쿨이 무서웠고, 생소한 시골이 싫다고 하면 친정에 돌아올 수 있을 것이라 생각했던 것이다.

시댁에 돌아가는 날, 큰이모는 떼를 쓰며 어른들을 당혹케 했다. 외증조모는 방에서 내다보지도 않고 우는 손녀에게 "엄살하지 마라." 며느리인 외조모에게는 "잘 타일러 보내라." 매정하고 차가운 목소리였다. 큰이모는 서슬이 퍼런 할머니 말에 울면서 어깨를 축 늘어뜨린 채 대문을 나서는데 그 모습이 초라하고 슬퍼 보였다. 그 후 자주 보게 된 큰이모의 찢어진 치마는 어머니에게 큰 충격이었다.

학교에 가지 못하면 언니처럼 시집을 가게 될 것이라고 생각한 어머니는 분필로 글을 쓰고 큰 소리로 읽어가며 행동으로 자기 의사를 드러내 보였다.

외조모는 서당 훈장인 친정아버지의 영향으로 글을 깨우쳤고, 열린 사고를 가지신 분이었던 것 같다. 공부를 하려는 딸의 행동을 당연시했고 아들만 유학을 보낸 것이 더 불만이었던 것이다.

외조모는 외조부에게 딸이지만 학교에 보내자며 간청을 했으나 묵묵부답이었다. 결정권이 있는 깐깐한 시어머니에게 직접 말하기로 마음먹고 조심스레 말을 꺼냈다. 둘째 시집갈 때 주신다던 정의 논을 주지 않아도 좋으니 학교에 보냈으면 좋겠다고 했다.

그날 밤, 집안이 난리가 벌어졌다. 외증조모의 야단치는 소리는 동네방네를 떠들썩하게 했다. 외조모는 빰을 얻어맞았고 화를 참지 못한 외증조모는 매까지 들었다. 그 매가 부지깽이였다고 한다. 다음 날, 외조모는 안채에서 바깥채로 쫓겨났다. 시모의 말을 따르지 않은 며느리에게 내린 준엄한 벌이었다.

며느리를 부지깽이로 다스렸던 외증조모는 당대의 유명한 해미 현감(縣監)의 장녀이며 우리 외가인 시댁은 강원 중군(中軍)과 정의 명월 현감(縣監), 5대에 걸친 만호(萬戶) 등 고관 벼슬을 누린 집안의 며느리였다.

일찍 홀로된 외증조모는 손이 귀한 독자인 아들 건강이 실하지 못해 벼슬은 못했지만, 심성이 원체 고운 아들을 애지중지하며 집 안팎일은 물론 아들 몫까지 혼자서 해냈다. 외증조모의 언행은 의젓하고 떳떳했으며 키는 작았으나 외모에서 풍기는 위엄은 사람들을 주눅 들게 할 정도였다고 한다.

그 후 외조부의 간곡한 청 때문인지, 매로 다스렸던 며느리에 대한 면죄부로 허락했는지 알 수 없으나 어머니는 오빠와 남동생이 공부하는 서울로 가게 되었다.

돌아가실 때까지 바깥채에 계셨던 외조모는 활짝 웃는 표정을 본 적이 없었던 것 같다. 정갈한 차림으로 다소곳이 앉아 바느질에 몰입한 모습에서 외조모의 굳은 심지를 느낄 수 있었고, 그 자태는 고매한 아름다움 그대로였다.

인두질 할 때 가끔 손목에 힘을 주며 눈을 지그시 감는 것은 옛 한을 가슴으로 삭이려 하셨음인가.

보랏빛 고무신

"보랏빛 고무신 코가 도드라진 것이 금어초 꽃봉오리처럼 귀엽고,햇빛 에 반사된 보랏빛은 눈이 부시게 아름다웠다."

일곱 살 때 이사 간 새 집은 노송나무 향이 싱그러운 2층집이었다.

내항 포구에 이웃해 있어 고기잡이 통통배들이 드나드는 것과 외항에 정박한 여객선이나 화물선에서 사람과 화물을 뭍으로 실어 나르는 종선을 볼 수 있었다. 종선이 들어오면 조금은 소요스러웠지만 사람들의 저마다 다른 음성이 바다 공기에 부딪히면서 정제되어 나오는 조화음을 나는 좋아했다.

새 집에는 아버지의 사무실과 점포가 있었는데 흑산호 파이프를 제작 판매하는 가게에는 일본인 부부가 나와 동갑인 게이꼬라는 딸과 함께 살고 있었다. 게이꼬는 키는 작으나 팔뚝과 다리가 단단해 물구나무서기를 잘하는 아이였다.

유치원에서 돌아오면 만화책을 보거나 그림 색칠하기를 하며 우리는 잘 어울렸다.

어느 날 게이꼬는 책을 덮고 내가 앉아 있는 벽 쪽에 기대어 물구나무서기를 하는 것이다 팔 힘이 실하지 못한 나는 그날따라 뽐내는 게이꼬가 얄미워 마당으로 나와 버렸다.

마당에는 돌과 흙을 돋워 만든 화단이 있었는데 아버지가 바닷물 침수가 염려된다며 내겐 돌계단 두 개를 밟아야 올라 갈 수 있는 높이의 화단을 정성스럽게 만들어 주셨다. 거기에는 계절 따라 피는 색색의 꽃나무가 있었고 게이꼬 어머니가 좋아한다는 금어초도 심어 있었다.

나와 게이꼬는 작은 통 모양인 금어초 꽃부리 밑을 누르면 뻐끔뻐끔 벌리는 모양새가 흡사 금붕어 입과 닮아 그 놀이를 자주 했다.

기분이 상한 나는 화단에 올라가 보랏빛 금어초 꽃부리를 만지작거리고 있었다.

외출했던 만삭의 어머니가 배를 양손으로 감싸 안고 대문으로 들어섰다. 어머니는 대청마루에 올라서더니 디딤돌에 벗어놓은 보랏빛 고무신을 간신히 엎드려, 고무신 코를 밖으로 돌려놓고 방으로 들어가는 것이다. 어머니 얼굴은 괴로운 듯 하얗게 변해 있었으나 온몸에 비장함이 서려 있어 두려운 생각마저 들었다.

화단에서 내려온 나는 대청마루에 앉아 어머니 고무신을 내려다보고 있었다. 보랏빛 고무신 코가 도드라진 것이 금어초 꽃봉오리처럼 귀엽고, 햇빛에 반사된 보랏빛은 눈이 부시게 아름다웠다.

나이 든 산파가 왔고 뒤늦게 의사가 어머니 방으로 들어갔다. 어른들은 말없이 분주하게 챙기고 있었으며, 그날따라 나를 보면 늘 말을 붙이며 예뻐해 주는 아주머니와 우리 옷을 만들어 주는 자상한 동네 할머니도 눈길조차 주지 않아 외롭고 슬펐다.

산통을 겪는 어머니의 신음소리가 간간히 들렸다. 어머니 호흡이 약해지자 큰 호흡을 유도하는 건지, 힘을 돋워 주려는 건지 야단치듯 하는 산파의 큰소리에 집안은 긴장감으로 가득했다. 어머니 숨소리는 힘이 떨어져 멎을 것 같은 두려움이 엄습해와 나도 모르게 산파의 호흡음에 맞춰 꽃부리를 누르듯 고무신 코를 누르고 돋아나면 또 누르고 있었다.

아기의 울음소리가 나자 "아들, 아들" 하는 흥분된 목소리가 들렸고 건넌방에서 아버지의 웃음소리를 듣자 불현듯 어머니가 보고 싶어졌다.

주위가 가라앉기를 기다려 방에 들어갔다. "외가에 가 있어야 하는데…, 놀라겠구나." 하시며 팔베개를 해주는 어머니. 견디기 힘든 산통의 모습을 어린 자식에게는 보여주고 싶지 않아서일까, 수줍은 듯 홍조 띤 어머니의 옆얼굴이 천사처럼 고와 보였다.

고무신을 가지런히 돌려놓고 산실에 들어가는 비장한 어머니 모습이 오랫동안 지워지지 않았다. 아기를 낳는다는 것은 생사를 넘나드는 일이었기에 잘못 되면 산실에서 다시 살아나올 수 없을지도 모른다는 강박감에 몸과 마음을 단장하고 주위를 깨끗이 정리했을 것이다.

비단 우리 어머니만이 아니라 태아와 산모를 지켜준다는 삼승할머니에게 빌고 또 빌며 의지할 수밖에 없었고, 매우 위급하고 절박한 해산을 혼자서 해내야 했던 그 시대의 어머니들. 하지만 분만이 가족들의 즐거운 작업으로 만들어져 가고 있는 요즈음이다. 격세감을 느끼게 하지만 넉넉하고 즐거운 일이 아닌가.

사람냄새가 가득한 정겹고 평화스러운 포구, 넓은 디딤돌에 놓여 있던 코가 예쁜 보랏빛 고무신. 오늘 따라 어머니가 그립다.

허심(虛心)에 이르다

김길웅

왜일까. 선생님을 대할 때마다 고산 윤선도의 대나무[竹]를 떠올리게 되는 것은, '나무도 아닌 것이, 풀도 아닌 것이 곧기는 누가 시킨 것이며 속은 어이 비었는지. 저러고 사시에 푸르니 그를 좋아하노라.'고 한 오우가의 그 대나무. 대 같은 선생님의 결기.

선생님은 당신의 연치에도 불구하고 대나무처럼 꼿꼿하고 청청하다. 나서서 튀지 않되 안에는 식지 않은 불덩이를 품고 있다. 말하지 않되 침묵의 파장을 심연에 내장하고 있다. 나이를 느끼지 못하는 정열과 결곡함과 힘찬 에너지가 어디서 샘솟는지 알 수 없다. 아직도 동심 속인 것 같은 해맑은 웃음이 그 힘의 원천(源泉)일까.

누구의 얘기던가. "이것은 안타까운 일도 아니고, 누구에게

투정부릴 일도 아니다. 젊음이 투쟁에 의해 얻어진 노획물이 아니듯, 지금의 나이도 잘못의 대가로 받은 형량이 아니기 때문이다." 이 말은 그렇다. 선생님의 생생한 삶의 모습을 송두리째 내놓아 목말라 온 화두 하나 던지고 있는 것처럼 들린다.

선생님이 여기 수필의 길목에 이른 데는 곡절이 있었다. 흔히 파란만장이라 하듯 선생님의 인생역정이 그랬다. 추스르기 힘들던 격동기 속 한없는 추락의 허탈감이며, 수많은 간이역에서 조바심 속에 막차를 기다리다 놓친 낭패감인들 어찌 한두 번의 일이랴. 그러나 선생님은 굽이치는 인생의 강물을 힘겹게, 때로는 에둘러 건너며 예까지 왔다.

젊음, 그 견고한 고독의 죽은 시간에 에워싸여 소란하지 않게 또 큰소리도 내지 않으면서. 그러나 당신 앞에 놓인 그 많은 가설들을 검증하며 살아 온 것이다. 슬프지도 않았고 외롭지도 않았다. 그것들로부터 비켜설 수 있을 만큼 선생님은 강단이 있었다. 오히려 그런 것들에게서 깨달음을 얻어낸 선생님의 삶은 그윽하고 아리땁고 숭고했다.

어느 날, 해 설핏할 즈음, 차에서 잠시 내려 어느 종점의 고샅을 서성이다 수필을 만났을까. 이제 못다 한 말을 수필로 한다. 못 다 이룬 꿈을 수필로 꾼다. 자신과의 교감이 있었기에 가능했으리라. 마음의 눈으로 들여다보고 폐부에서 나와 울대를 울리는 당신의 소리, 아이의 눈처럼 반짝거리는 심안(心眼)이요, 파열이 있고서 그 균열 뒤 얻어낸 득음(得音)의 경계 아닌가.

1. 애진작의 인연

선생님은 48년 전, 나의 사범학교 은사님이시다. 약대를 나와 곧바로 약국을 개업하지 않고 교단에 서신 것이 애진작 인연의 단초가 됐다.

우리가 학생 때, 제주도내 교단에 여교사는 선생님 혼자가 아니었을까. 세상이 다 아는 쟁쟁한 집안에서 태어나 전남여고와 명문 이화여대를 졸업한 것부터 그랬다. 그렇게 선생님은 우리 앞에 화려한 모습으로 등장했다. 다른 무엇보다도 그때 눈같이 얼굴이 희었던 어여쁜 처녀 선생님….

선생님은 우리에게 화학과목을 가르쳤다. 수업에 매우 열정적이었다. 나는 지금 회상 속에, 젊음을 발산하던 그 때의 화학시간을 떠올리고 있다. 쉽지 않은 과목을 알아듣게 신들린 듯 가르치던 선생님의 모습을 기억의 갈피 속에서 만난다.

어쩌다 빛나는 선생님의 눈과 마주치면 가슴이 울렁거리곤 했다. 자성에 이끌린 듯 눈에 보이지 않는 어떤 신비의 힘을 지녔던 선생님의 두 눈. 지금 제주여상 자리, 우리가 '목련꽃 그늘 아래서 베르테르의 편질 읽노라, 구름 꽃 피는 언덕에서….' 하고 「4월의 노래」를 목청껏 부르던 1960년의 봄이었다. 목련보다 더 새하얗던 선생님의 그 눈부신 블라우스.

4·19 때였다. 시절이 하 수상했다. 부정선거에 대한 학생들의 분노와 규탄과 민중의 절규로 나라 안이 들끓고 있었다. 소위 '스튜던트 파워'가 사회를 한때 휩쓸었다. 이런 분위기에 편승해 교사를 축출하는 등 학내가 어수선했다. 사범학교는 도 전역으

로부터 우등생들이 모여든 학교였다. 실력 없는 선생을 몰아내자는 일련의 움직임이 일어났고, 급기야는 몇 분이 교단을 떠나는 상황으로까지 번졌다. 백지동맹이나 수업거부 같은 극단적인 행동이 낳은 무서운 결과였다. 그런 혼돈의 소용돌이 속에서도 선생님은 끄떡없었다. 선생님에게는 실력과 정열이 있었으니까.

학생들 모두가 그랬지만 나도 선생님을 좋아했다. 죽어라 하기 싫던 게 수리과목 쪽이었는데도 선생님의 화학만은 죽자 사자 하는 판이었다. 화학 시험 때는 전날 밤 각성제 카페나를 먹어가며 꼬박 밤을 새우다시피 했다. 어지간한 화학방정식은 다 욀 정도였다. 선생님에게 잘 보이려면 점수를 잘 따야 한다는 심신에서다.

선생님과는 사제지간으로 그렇게 연을 맺었다. 막중한 인연이다.

2. 그 천의 얼굴

한 사람의 삶이 여러 형태로 모습을 바꾸기는 쉽지 않다. 전문직의 경우는 말할 것 없고, 자기희생이 따라야 하는 사회봉사 영역일 때도 그렇다. 스물 넷 젊은 나이에 교직에 몸담았다 서른 둘에 교단에서 내려온 것은 더 늦기 전에 자신의 길을 걷고자 한 외로운 결단이었다.

교직 8년 뒤, 당신의 본령인 약사의 길로 접어든다. 그제야 제대로 주특기를 찾은 셈이다. 교직은 외곬이다. 학생들을 가르치는 일에 집중해야 했다. 잉여의 시간을 가질 수가 없다. 가르치면서 시간의 짬을 낸다는 것은 엄두를 못 낸다. 더욱이 높은 입시경쟁률을 뚫고 들어온 우수한 사범학교 학생들을 가르치는 데는 그만큼 책무가 따랐고 또 가팔랐다.

그러나 약사의 길은 조금 달랐다. 유리 상자 속 틀에 갇힌 삶이긴 해도 앞뒤를 살필 정신적인 여백이 있었다. 약국을 개업해서 약사의 길을 걸으면서 선생은 사회의 이곳저곳에 눈길을 보내게 된다. 무심결에 그리로 마음이 갔다고 할까. 거북하거나 어색하지 않은 자연스러운 참여였다.

선생님은 생활인으로서 앞에 놓인 길에 차근차근 발을 놓기 시작했다. 우선 약사회에 깊이 관여하게 되면서 회원제 선거에 의해 여자 약사로서 전국에서 첫 약사회장에 선출되었다. 그냥 현실에 안주하지 않고 회원들의 권익을 위해 앞장섰다. 회장이라는 책무감에서 산적해 있는 문제를 합리적으로 풀어 나갔다.

대한적십자 일도 심심찮게 거들었다. 교직에 있을 때 청소년적십자(JRC) 지도교사를 했던 경험의 자연스러운 운신이었을 것이다. 대한적십자사 대의원과 제주지사의 부지사장까지 했다. 이런 저런 인연들이 자신을 이끌면 선생님은 아무렇지 않게 그 끈에 끌리는 식으로 갔다. 그래서 힘든 줄 모르게 발품을 팔 수 있었다.

본업을 하며 봉사하는 건 보람이고 기쁨이었다. 말로 떠들거나 주장을 펴는 일은 그럴싸해 보이기는 해도 끝물에 남는 게 없어 허망하다. 또 외화내허(外華內虛)해 표면에 드러나기는 화려하되 속 빈 강정이나 다름없다. 그러나 봉사활동은 사회의 그늘진 곳에 있는 어려운 사람들이나 소외된 계층에 따뜻한 사랑의 손길을 뻗는 것이 아닌가. 어떤 이데올로기, 어떤 철학보다 깊고 아름답고 그윽한 것이었다.

또 의녀 만덕기념사업회의 공동대표를 지냈다. 어머니가 그 단체를 일구는 데 역할을 하신데다 그쪽에서 주는 큰 상인 만덕봉사상을 받은 것과 무관치 않았다. 하고 싶었던 일 중의 하나였으니 일을 하면서도 그랬지만, 하고 나서도 지워지지 않는 자취 하나를 보탠 것 같아 뿌듯했다.

선생은 비례대표로 제주도의회 의원을 지냈다. 아득바득 정치를 한다고 나선 것은 아니었다. 다만 여성이 일정 수준 현실에 참여해야 한다는 시대정신이 자신을 그냥 놔두지 않았던 것이다. 의정활동을 보란 듯이 챙겼다. 축적해 온 경험과 지혜를 기울였다. 여성의 사회적 지위 향상을 위해 할 수 있는 일이 무엇인가에 포커스를 맞췄음은 물론이다. 선생님에게는 이 의정활동이 뜻밖의 특별한 체험이었음을 부인하지 않는다.

'정치개혁과 여성의 정치세력화'를 주제로 한 토론회를 주관하기도 했고, 도정질의를 잘한 의원으로 선정되기도 했다. 흐트러지거나 비뚤어진 것, 잘못된 것은 그냥 보고만 있지 못하는 선생님의 올곧은 성격이다. 의정단상에서 자신의 잣대를 들이대어 질타하고 시정을 촉구하던 선생님의 목소리가 들리는 듯하다.

3. 이제 허심(虛心)의 길목에 서다

선생님은 지금까지 짧지 않은 인생을 살아 왔다. 이 길 저 길, 많은 길 위에 걸음을 내딛었다. 곧은 길 굽은 길, 보이는 길, 보이지 않는 길을 맞닥뜨리는 대로 걸어왔다. 성공의 길이 있었던 반면 실패의 길도 있었다. 곧게 뻗은 길은 순탄했고 굽은 길은 굽이치며 험난했다. 보이는 길은 명료했지만 눈에 안 보이는 길은 암담하고 모호했다. 그래서 방향감각을 잃고 방황하기도 했다. 떳떳한 길 위에선 명쾌하게 활보했지만 더러는 낯 뜨거운 길도 있어 고개 수그리기도 했다. 몸으로 품어 온 수많은 그 길들, 곡절과 파문으로 얼룩진 구절양장과도 같은 길들이었다.

그러나 이젠 행보를 띄엄띄엄 하려 한다. 허공을 가르며 걷거나 눈에 띄게 성큼성큼 걷는 것을 삼가고 있다. 나이 들면서 자신도 모르는 사이에 밴 조신함인지 모른다. 속도를 조절하게 되고 주위를 둘러보며 살피게도 된다.

때로는 길을 가다가 길 위에서 허무와 조우하기도 했다. 한데 그것이야말로 진짜 알짜배기였다. 그냥 만남이 아닌 자신과의 진정한 대면이었다.

자신과 얼마 만에 만났는가. 움찔 놀란다. 자신에게 엄습해 오는 허무에 저항할 아무런 힘도 갖고 있지 못한 자신을 응시하며 또 한 번 놀라는 것이다. 선생님은 자신에게 부닥쳐 오는 이런 자극들에 늘 무방비하다. 그런 자신에 대해 경악하고 또 그런 자신의 모습을 마음에 담아가며 다시 놀라게 되는 것이다.

선생님은 수덕(守德)을 생각했다. 자신에게 조그만 덕이 있다면 그걸 소중하게 보듬으며 간직하자. 수덕은 수분(守分)이 아닌가. 그렇다. 내게서 발원한 감정의 보푸라기는 내 안에서 손질해 다스려야 한다. 그게 세상을, 자신의 우주를 끌어안는 일에 다름 아니다. 이것은 곧 대아(大我)의 철학이 아닌가.

"보이는 것은 보이지 않은 것에 닿아 있고, 들리는 것은 들리지 않은 것에 닿아 있다. 생각나는 것은 생각나지 않은 것에 닿아 있다." 독일의 시인 노발리스의 말이다. 바깥을 보고 안을 알려면 오랜 체험과 명상을 통한 깨달음이 아니고서는 되지 않는 일이다. 자연과 인간, 사물과 세상과의 교섭, 영혼의 교감이 있어야 가능한 일이다.

선생님은 어느 날 문득 문학을 생각했다. 수필을 생각했다. 그것은 빗장을 막 풀고 문간을 들어서며 다짜고짜 선생에게로 다가왔다. 내적인 자기성찰의 계기가 선생님을 방문한 것이다. 정신의 개안이었다.

선생님이 수필로 등단을 했다는 얘기를 멀리서 들었다. 뜻밖이라 처음엔 반신반의했다. 옛날 내 기억 속의 화학 선생님, 듬성듬성 풍문으로 듣던 약사, 도의회의원의 모습이 수필 위로 겹쳤다. 그런 타이틀들이 수필이라는 이름에 이중노출 되면서 수필이라는 문자를 지워내는 것이다.

그건 엄연한 사실이었다. 2003년의 일이다. 『수필문학』 신인상에 천료(薦了)되면서 정식 등단한 것이다. 과학도요 약사인 선생님이 수필가가 되다니. 놀랍고 놀라운 변신이었다.

'아, 우리 선생님이 문학의 길에 들어서셨구나. 수필가 고앵자 선생님.' 나는 어느새 선생님의 존함 석 자 앞에다 '수필가'라는 관사를 올리고 있었다. 그 뒤, 선생님을 대할 때마다 떠올리게 되는 말이 있다. "시인이란 그 마음속에는 남이 알지 못하는 깊은 고뇌를 감추고 있으면서, 그 탄식과 비명이 아름다운 음악을 연주하면서 흘러나오게 되어 있는 입술을 가지고 있는 불행한 사람이다." 키엘케고르가 한 말이다.

선생님은 이제 키엘케고르가 말한 그 불행한 사람의 대열에 끼였다. 당신의 선택이다. 탄식과 비명을 아름다운 음악으로 연주하지 않으면 안 된다. 그 아름다운 음악이 무엇인가. 수필이다.

선생의 수필은 또박또박 명절하다. 세상 인간사에서 자연을 넘나들며 자유자재하다. 지적 세련미가 정련돼 단아하다. 앞으로 무변광대한 세계가 선생님의 수필 속에 펼쳐질 것을 기대한다. 이제부터 당신의 수필에 큰 한 획을 그을 것이다. 초승달이 충만으로 나아가듯 수필 속에 빛을 그러모으리라.

선생님의 작품을 가만 읽다 보면 선생님 자신의 삶이 그대로 눈앞에 펼침막처럼 걸려 있음을 바라보게 된다. 아쉬운 게 있다. 이제 당당하게 쓰실 것 같은데도 당신의 높고 깊은 경륜을 숨기시려 든다. 한없이 낮추신다. 수필은 채워진 식견이나 인격을 글로 풀어가는 것이라기보다 글을 쓰면서 부족한 식견이나 인격을 채워나가는 인생수업이라는 겸허함을 작품으로 일깨워 줌인가.

선생님은 이제 다 비워냈다. 타오르던 욕망을 내던졌고 소유에의 집착도 벗어놓았다. 허심(虛心), 다 비우고 나서야 얻게 되는 경계에 이르렀다. 그 허심의 길목에 앉아 하늘과 산과 바다 그리고 꽃과 바람과 구름을 옆에 낀 채 수필과 함께 놀고 계신 선생님. 마침내 무장무애의 경지에 이르러 선생님은 지금 당신의 그 경지를 수필이라는 그릇에다 부지런히 담아내고 있다.

선생님과 나는 연전에 '동인 脈'의 동인으로 만났다. 사제의 인연이 다시 문학으로 이어진 것이다. 딱 아홉 사람으로 만났는데 우뚝 그 중심에 선생님이 앉아 계시다. 수필로 다시 만난 선생님과의 인연에 감사하고 싶다. 우리 동인들은 선생님을 가까이 모시고 아주 활발하다. 우리는 수필의 길목에서 함께 고민하고 때로는 환호하고 가끔씩 나부끼고 펄럭인다. 만나면 인생을 논하고 수필에 대한 담론으로 시간 가는 줄을 잊는다. 다들 선생님을 누님같이 혹은 어머니같이 대한다. 수필은 인간학이다. 그런 화기애애한 속에 성숙한 열매로 수필이 열리리라.

끝으로 선생님에게 한 가지 드리고 싶은 말씀이 있다. 매사에 정직하고 완벽성이 전제된 삶이 오늘의 선생님을 이룩해 왔음을 존경한다. 하지만 너무 빈틈서리가 없는 선생님에게 간혹 흐트러진 모습도 보여줬으면 하고 감히 일언을 드리고 싶다. 그런 공백 속으로 솔솔 웃음이 새어나왔으면 좋겠다.

실수하는 모습, 엉뚱한 표정, 어긋난 모순어법, 막춤에 막가는 노래 같은 그런 자연인의 맨얼굴을 보여주면 누가 뭐라 할까. 그런 가운데 떡가래 뽑듯 유머러스한 수필 한두 편 빚냈으면….

늙는다는 것은 허무한 일일밖에 없다. 또한 늙음에서 가끔 외로움의 존재론적 실체와 그 그림자를 만난다. 하지만 나이 들어서도 할 일이 있다는 것은 행복한 일이 다. 하물며 글을 쓰며 인생을 관조하는 일임에랴. 선생님의 여생은 수필의 일, 수필의 언약을 당신의 손으로 심어놓는 것밖에 없으리라.

어쩌다 산을 가까이 끼고 앉았더니 산그늘이 눈앞까지 덮어오는 양하다. 밤이 되기 전에 자리를 그만 접어야 할까 보다.

끝으로 당신의 인생만큼이나 묵중한 명작 수필의 탄생을 기대하면서, 행운과 함께 건강하시길 빌어드리고 싶다. 원컨대 부디 문운 창대하시길….

· 전 중등교장
· 제주수필문학회 회장역임
· 월간 시전문지 『心象』으로 시인 등단
· 『대한문학』 대상 받음
· 『대한문학』 수필 評者
· '동인 脈' 회장
· 작품집 : 『내 마음속의 부처님』, 『삶의 뒤안에 내리는 햇살』
· 시 집 : 『여백』, 『문학작품속의 어휘 500選』

고앵자의 수필세계

커피와 칵테일의 향기 속에서 얻은 세태의 흐름

강석호
(문학평론가 · 한국수필문학가협회 회장)

Ⅰ.

고앵자 선생은 일제 말기 제주도에서 출생, 초등학교를 그곳에서 마치고 육지로 유학, 광주에서 여고를 다녔으며 대학은 서울에서 이화여대를 졸업했다. 그 당시로서는 육지인들도 웬만한 부와 학력으로서는 함부로 엄두를 낼 수 없는 중등교육과 고등교육을 그것도 육지로 유학했고 게다가 여성으로서는 최고 선망의 전당인 이대에서 수학을 했다. 그것은 그 가문의 부와 교육열을 짐작하고 남음이 있으며 본인의 향학열과 재능의 출중함을 먼저 떠오르게 한다. 또한 저자는 국문학이나 인문사회학을 전공한 것이 아니고 약학을 전공하였는데도 문인이 되었다.

그의 경력을 보면 대학을 졸업하고 전공을 살려 약업에 종사하지 않고 교직에 투신하여 그것도 교육자를 양성하는 사범학교에서 인간의 인격과 품성을 교수하는 일을 함으로써 문학이 추구하는 인간발견의 기본적 경험을 닦았다고 볼 수 있다.

작가가 된다는 것은 반드시 국문학이나 문예창작을 전공하지 않고 과학을 전공한 사람도 작가가 되는 경우가 많다. 그것은 전공에 앞서 생래적으로 타고난 문예창작의 소질 때문이다. 문학뿐만 아니라 다른 예술의 경우도 마찬가지다. 법학도나 건축가가 가수가 되고 화가가 되는 경우를 더러 볼 수 있다. 이는 모두 그가 타고난 생래적 소질의 결과라 하겠다.

그런 경우로 미루어 볼 때 고앵자 선생도 과학을 전공했으나 그의 혈관엔 글쟁이의 피가 일찍이 흐르고 있었다고 볼 수 있다. 뿐만 아니라 그는 교직에 이어 본래 전공인 약학을 살려 약국을 개업하여 많은 내방객과 대화를 나눔으로써 인간 생태의 다양한 면모를 파악할 수 있었고 사회봉사 활동에도 진력하여 약사회 회장을 비롯하여 여러 사회봉사 단체장의 경험을 통하여 또는 도정의 의회에까지 진출하여 많은 인간적, 사회적 경험을 쌓음으로써 이야깃거리를 축적할 수 있었기에 작가로서의 후천적 조건도 그의 문학에 큰 영향을 주었다고 볼 수 있다.

수필은 진솔한 '자기고백의 인간학'이니 '고백의 미학'이니 '자성의 문학' 등으로 정의한다. 그 범위는 일상생활에서 얻는 잔잔한 경이와 충격의 고백에서부터 '인간이 무엇인가'를 찾는 철학적 사유에서 '인간은 어디로 갈 것인가' 하는 종교적 차원에까지를 추구하는 문학 장르이다. 다시 말하면 모든 자연과 인간사에 대하여 느끼는 자기만의 심경을 지성과 서정을 기반으로 표현하는 문학이다. 그러기에 인간세상의 모든 존재와 변화양상이 수필의 제재가 될 수 있고 그것이 자기체험의 진솔한 고백이라는 측면에서 작자의 자전적 기록이기도 하다.

다만 자서전과 수필의 차이는 과거의 경험을 되살리되 재생적으로만 회억하는 것이 아니고 그 기억에 미학적 요소를 가하는 창조적 재생이어야 한다는 것이다. 여기서 창조적 미학이란 문학성을 말하는 것으로 비교적 사실적 기록에 충실하되 그것이 교훈적이고 쾌락적인 문학의 기능을 발휘하기 위해서는 더러는 비유와 상상적 요소를 가미하여 형상화 시키는 작업이다.

이러한 전제에서 볼 때 고앵자의 수필은 수필의 본령에 충실하고 많은 교육자를 제자로 둔 스승으로서 사회지도자로서 가정을 지키는 생활인으로서의 품위를 유지하면서 진솔한 자기고백과 재미를 추구한 미학적 문학의 매력을 손색없이 발휘하고 있다.

그의 수필의 총체적 주제를 요약한다면 일제 말기에 태어나 일제와 해방 전후의 두 시대를 동시에 산 역사적 증인으로서 그 시대의 세태변화와 제주도 토박이로서 섬과 육지를 넘나들며 지켜본 사회풍속도를 과학도로서의 지성과 자기 삶의 거울에 비춰본 인간 발견이다.

그의 문체는 간결하고 논리적이다. '문체는 곧 그 사람이다'란 말은 수필에 가장 적합한 말로 간결한 문장과 개연성 있는 논리의 전개는 수필의 생명이자 매력이다. 저자의 문장은 지나친 수식이나 서술로 지루하거나 복잡하지 않고 단숨에 읽히고 쉽게 메시지를 파악할 수 있는 보편적 기법을 쓰고 있다. 따라서 문장의 구성도 지나친 상상이나 허구를 피하고 담담하고 자성하는 심정으로 자기현시보다 실수와 부족을 진실하게 드러내기에 진력함으로써 독자의 관심과 사랑을 끌고 있다.

Ⅱ.

인상 깊은 주제를 좀 구체적으로 체크하면 첫째, 그의 글에는 남북이념의 갈등이 형상화되어 있다.

「북으로 간 자야」는 중학교 때 친구 '자야'가 해방과 함께 일본서 어머니를 따라 한국에 왔는데 친구와 함께 4·3사건 때 봉기군을 따라 산으로 갔었다. 정부의 선무활동으로 하산했으나 다시 일본으로 건너갔다. 그리고 그는 북송선을 타고 북한으로 갔다. 일본에서도 한국에서도 안착할 수 있는 조국을 제대로 발견하지 못하고 공산당을 따라 가버린 그 친구를 그리워하고 있다. 중학교 때 삐라 살포 사건으로 경찰에 붙들려 수모를 당한 이야기, 하얀 저고리에 검정치마의 말숙한 그 친구가 그립기만 한 것이다.

> 조국에서는 설 땅이 없어 일본으로 밀항할 수밖에 없었던 심정은 어떠했을까.
>
> 열세 살 때 공부한 사회주의 이상향을 따라 반쪽의 조국을 찾아간 그는 혁명투사가 되었을까, 과학자가 되었을까, 어린 나이에 동족상잔을 목격했던 그는 지금쯤 조국을 슬픔의 땅이라고 한탄하고 있을 지도 모른다.
>
> 전쟁을 겪은 사람들은 정말 가슴 아픈 사람들이다. 동족상잔은 피를 멈추게 하는 전쟁이다.

세월이 흐를수록 자야에 대한 그리움에 가슴 저리다.
「북으로 간 자야」 중에서

그 당시 그런 사람은 '자야'만이 아니었다. 혼란된 가치관에 흔들린 단면을 구체적으로 증언하고 있다.

「T교사와 독서회」도 해방 후 우수학생들이 모인 순수 독서 그룹이라고 알았으나 내면으로는 공산주의 지시를 받는 프락치로 위장되었고 지도교사였던 T교사는 이상향을 그리는 공산당에 속아 그 생애를 비극으로 끝내고 만 이야기이다.

이런 이야기는 당시를 경험한 작자가 아니면 이제 와서 들을 수 없는 증언이다.

둘째, 커피의 향기와 칵테일의 맛, 그리고 음악을 통해 멋과 낭만의 세계를 추구하고 있다.

「커피 스케치」에서 보면 커피는 곧 인생의 향기요 멋이며 힘이요 삶의 보람으로 예찬한다. 커피를 처음 맛본 것은 어릴 적 아버지가 마시다 준 반잔도 채 안된 커피를 통해 그 맛을 알았고 중고교 때는 금지된 매장에서 대학 때는 찻집에서 젊음과 고민을 토하여 짜릿한 스릴을 맛보았다.

그리고 커피는 마시는 시간에 따라 그 맛과 향기가 다름을 말하고 그 빛깔과 찻잔에 따라 품위를 느낀다.

커피색을 다갈색, 시색(柹色)이라고 하여 가을색이라고들 하겠지만 계절에 상관없이 난색과 한색의 어떤 빛깔에도 알맞게 어울린다.

품격이 있는 동서양 도안의 찻잔이나 한낱 범속한 모양새 그릇에도 조화미가 출중하다면 지나친 찬사일까.

누가 커피를 첫사랑 맛이라 했다. 달콤한 맛이 혀끝을 지나 설근으로 스며들 때 떫은 듯 쓴맛 여운이 오래 남아서일까, 감성의 상승으로 시인을 만드는 작용이 있어서일까, 가까이 할수록 그리워지며 자주 만나고 싶고 만나지 않으면 못견디게 하는 로맨틱한 음료이다. 「커피스케치」 중에서

커피는 첫사랑의 맛이요, 감성의 상승으로 시인을 만드는 작용이 있음을 느끼고, 그 성분까지 감지하고 있으니 작가의 세련된 멋과 맛의 원천을 짐작하고도 남음이 있다 하겠다.

「칵테일 핑크레이디」에서는 양주 파는 카페에 처음 들어가 번쩍이는 실내의 화려한 조명을 받으며 칵테일주를 맛본 소감이다.

많은 칵테일주 중에 '핑크레이디'가 어쩐지 마음에 들어 그것을 마셨다. 한 모금 입에 머금고 있는데 단맛과 신맛이 어우러진 산뜻하고 깔끔한 맛이 기분을 상쾌하게 했다. 그리고 낮은 목소리로 중얼거리기 시작했다. 그것은 술기운의 탓이었다.

그런 알콜맛을 알고 난 뒤 언짢은 일로 친정에 가서 아버지가 즐기던 노주에 오미자즙을 넣어 꿀컥꿀컥 마시고 투덜거린 일이 있다. 그것이 약점이 되어 식구들 간에 놀림을 당하기도 하여 그 후 술은 가까이 하지 않았지만 그래도 주점에 가면 핑크레이디만은 주문하고 싶다는 첫 음주의 향수를 실토하고 있다.

그의 음악에 대한 취향은 「찐빵과 차이코프스키의 비창」「한 장의 전보」「약창을 닫던 날」「뮤지컬 메노포스」「할렐루야」 등 여러 편에 나타나 있다.

「찐빵과 차이코프스키의 비창」은 학교 졸업 후 고향에서 교직에 근무할 때 음악을 좋아하는 교사들의 그룹에 동참하여 가끔 찻집에서 클래식 음악으로 당시 전후의 우울하던 심사를 달래곤 했는데 어느 날 퇴근길에 찻집에 들렀더니 같은 회원인 Y선생이 베레모를 쓰고 양팔을 끼고 우주의 고민을 혼자 짊어진 듯한 고혹한 표정으로 비창에 빠져 있었다.

그런데 Y선생이 「비창」을 듣다가 채 끝나기도 전에 일어나 나가버렸다. 책을 그냥 두고 가서 그것을 전해주려 그의 집으로 갔더니 봉투 속에서 찐빵을 꺼내 허겁지겁 먹는 것이었다. 그 모습이 평소 깔끔한 모습과는 판이하게 달리 인간 본연의 모습으로 슬프도록 아름답게 보였다. 그 모습과 「비창」이란 곡명과 작곡자가 초연 9일 만에 당시 만연했던 콜레라에 감염되어 타계했다는 운명적 비감을 느끼는 사념이 아름답기만 하다.

「뮤지컬 메노포스」는 제자와 함께 뮤지컬을 보러 가서 정작 자기들이 볼 뮤지컬 제목을 몰라 제자에게 물었더니 '메노포스'라고 했다. 메노포스는 '폐경기'란 뜻이 아닌가. 그러고 보니 여인들의 폐경기 증상을 뮤지컬로 표현한 것이었다. 익살과 풍자와 노래와 춤으로 그 주제를 잘 나타내었으나 그런 직접적인 생리적 용어를 뮤지컬 제목으로 내건데 놀람을 표한 것이다. 그로 인하여 뮤지컬뿐만 아니라 모든 예술의 소재와 제목의 시대적 변천을 다시 인식케 한다.

「약창을 닫던 날」은 의학분업에 반대하여 약창을 내리고 약업계를 떠나던 날 시원섭섭한 기분을 지울 수 없어 평소 좋아하던 「축배의 노래」 CD를 틀어놓고 자조 섞인 심사를 달래는 이야기다. 정상적으로 퇴직을 하게 되었으면 꽃다발과 축사와 노래로 장식되었을 것인데 대신 CD를 틀어놓고 그 기분에 젖어보는 작자의 마음은 아쉽지만 그래도 내일을 전망하는 용기와 여유가 아름답다.

> 의약분업 실시하던 날 나는 약창을 내리고 홀가분한 기분으로 해안도로를 달렸다. 먼 여행을 끝내고 집에 돌아온 느낌이었다. 거실 테이블 위에 두 개의 촛불을 켜고 예쁜 잔을 골라 커피를 마시며 음악을 듣는다. 루치아노 파바로티가 부른 「축배의 노래」(라 트라비아타 중에서) CD를 넣고 볼륨을 최고로 돌렸다. 「약창을 닫던 날」 중에서

소프라노와 테너 이중창이 절정에 오르더니 합창까지 가세하여 장엄하고 열광적인 노래로 거실 안에 차고 넘치는데 '세월은 흐르는 것이며 삶은 변하는 것'이라 되뇌인 결미가 백미이다. 이로써 35년간 그의 약사로서의 업은 막을 내리게 되었다. 일생일대의 결실이요 전환이다.

셋째 그는 스포츠에 많은 관심과 지식을 갖고 있다.

「대신 울어준 아내의 눈물」은 이동국 선수가 2006년 월드컵 바로 전 독일전에서 몸을 날려 골을 넣었을 때 많은 사람들이 "그건 예술이지" 할 정도로 대단한 실력을 발휘했다. 히딩크도 놀라 "저 선수가 누구냐"고 물을 정도였지만 막상 히딩크가 한국의 월드컵 감독이 되었을 때 이동국은 팀 멤버에 들지 못했

다. 그리고 K리그전에서 경기를 하다 다리를 다치는 불행을 거듭 당하였다. 독일 스포츠 재활센터에서 수술을 받기 위해 아내와 기다리고 있을 때 이동국은 많은 팬들이 그의 꿈이 무너진 것을 아쉬워했다. 그때 이동국은 "아내가 옆에서 울어주어 고마웠다"고 했다.

자신의 불행을 원망하고 운명을 탓하며 통곡을 하고 싶었지만 아내의 눈을 보자 차마 눈물을 흘릴 수가 없어 가슴으로 울었던 것이다.

눈물 앞에는 눈물을 흘러 맞불을 놓는 것이 최대의 효과이다. 저자는 맞불의 효과를 극대화하여 그의 아내의 눈물을 높이 평가하고 있다.

그리고 막내 동생이 좋아하는 애견의 죽음에 대해 슬퍼 울 때 애견이 죽기 전에 눈을 크게 뜨고 자기를 보며 눈물을 흘리던 모습을 기억하고 울음을 그친 이야기를 덧붙여 그 효과를 입증하고 강조하는 기법을 썼다.

유명 선수의 비극을 이토록 절실하게 그리는 심사는 보통의 관심에서가 아니다. 저자는 그들과 슬픔을 함께 울고 있는 것이다.

「쉰여섯 번째의 홈런」 이 글은 이승엽 선수에 관한 야구 이야기다.

TV 앞에서 이승엽 선수가 56번째 홈런을 날릴 모습을 바라보는 심정을 그렸는데 그 관전평과 해설이 보통 수준이 아니다.

물 흐르듯 유연한 스윙에 강력한 임펙트를 가진 능력 있는

> 홈런타자, 이승엽 역시 일루수이다. 타자의 공을 새처럼 날아 미츠(장갑) 입으로 삼켜버리는 수비는 가슴을 뛰게 한다. 반달모양의 모자 차양은 새의 예쁜 부리 같고 팔은 날개처럼 뻗쳐 공을 쫓아간다. 발레리나 닮은 날씬한 다리, 토슈즈 신은 발끝에 힘을 주며 공중에 떠있는 듯한 새의 형상은 눈을 부시게 한다. 카메라 앵글이 아니면 잡을 수 없는 그 자태는 예술작품이 아닌가.

저자는 요즘 운동선수들은 준비된 다양한 세레모니를 하는데 이승엽은 홈런을 날린 후 손등에 입맞춤을 하고 관중에게 키스를 날리는 화려한 제스처나 천하를 얻은 듯한 환호를 지르며 질주하지도 않는 모습을 예찬한다. 스포츠에 대한 다양한 지식 뿐 아니라 그 감상의 자세와 역량은 예술적이다.

다섯째 그의 글에는 사회정화 내지 청소년 선도의 공적이 비치고 있다.

「호기심을 주체 못하는 소년」은 어릴 적 크리스마스트리에 붙은 전구를 가지고 가다 주인에게 들켜 경찰에 연행된 소년을 선도위원인 저자가 보증서서 훈방했는데 다시 그 소년이 자전거를 훔쳐 분해 조립을 계속하다 경찰에 잡혔다. 그 소년은 경찰관의 조사에 응하기 전에 먼저 저자를 만나게 해달라고 요청한 것이다. 저자는 그 소년의 범행이 나쁜 심리에서가 아니라 호기심에 남의 자전거를 만지다가 들킨 것으로 알고 훈방을 했다.

그 소년이 조사받기 전 저자를 만나게 해달라는 것은 저자를 그만큼 자기 후견자로 믿었던 것이다. 자기를 믿어주는 마음에 저자는 감동하고 그 소년의 순수를 인정한 것이다.

이렇듯 저자는 지역사회 지도자로서 그만큼 청소년들에게 신망과 사랑을 받고 있음을 엿볼 수 있다.

그의 가족사적 소재의 글은 「어머니와 동백꽃」, 「예순 한 송이 장미꽃」「붉은 라벨의 약병」 등이 있다. 「어머니와 동백꽃」은 그의 문단 등단 천료작으로 어린 여동생의 죽음과 어머니가 즐겨 기른 동백꽃의 사연이 진지하고 「붉은 라벨의 약병」에서는 아버지의 생애가 요약되어 있으며 「예순 한 송이의 장미꽃」은 환갑을 맞은 동생에 대한 이야기다.

「어머니와 동백꽃」은 남자이기를 고대하던 동생이 여자로 태어나자 어머니는 그에게 남장을 시켜 남자아이들과 어울려 놀게 했다. 그러다가 어느 날 남자아이들과 소변 높이 쏘기를 내기하는 것을 저자가 보고 급히 손목을 끌고 집으로 데려갔더니 그 길로 동생은 죽었다. 갑자기 끌고 가는 바람에 놀라서 병을 얻은 것이다. 그 아이의 이름이 椿子였는데 椿은 대춘나무 춘자로 오래 살기를 바랐으나 일찍 죽음으로 결국 椿死를 한 것이다.

어머니는 그런 동생을 기리기 위해서 동백나무를 많이 심어 잘 길렀다. 일본 사람들이 椿을 동백으로 뜻하기에 동생을 사랑하듯 동백을 기른 것이다.

> 어머니는 동백꽃이 활짝 피어나면 가버린 딸이 찾아온 듯 기쁜 마음으로 대화를 했을 것이다. 어느 날 땅에 떨어진 동백꽃을 만지면서 '다른 꽃들은 만개한 후 아름다움을 자랑하다가 한 잎 두 잎 떨어져 수명을 다 하는데, 너는 어찌하여 아름다움을 간직한 채 통째로 떨어지느냐.'라고 한을 토하듯 말

하는 것이었다. 춘자의 죽음과 동백꽃이 떨어짐을 어떤 연관
처럼 여기고 계신 듯 했다. 「어머니와 동백꽃 중에서」

그런 연유가 있기에 저자도 동백꽃을 보면 어머니 얼굴과 동생의 얼굴이 겹쳐 떠오른다고 회상한다. 그리고 이 글에서 동백나무 화분이 오래되어 싱싱하지 못하자 먹다 남은 비타민 두 알을 묻어주었더니 싱싱함을 되찾았다고 했는데 이는 약사인 저자다운 지식의 활용이 아닌가 한다. 어머니에 대한 이야기는 「신안내 여사」에서도 재미있게 다뤄지고 있다.

「붉은 라벨의 약병」에서는 당뇨병에 특효라는 유전자 치료법 발견을 두고 당뇨병으로 돌아가신 아버지를 회상하는 것이다.

아버지는 젊었을 때는 흰 구두에 정장차림의 멋쟁이였고 서예를 즐겼으며 동적인 술과 정적인 차를 좋아하였다. 20대에 사업을 시작, 50대에 당뇨병을 얻어 10여 년 간 주사를 맞으며 투병하다 돌아가셨다. 그런 가운데 당뇨병 치료약이 나왔으니 저자로서는 좀더 일찍 나오지 못한 것이 아쉬울 뿐이다.

「가설무대에서 얻은 아름다운 자유」는 요약한 자신의 일대기이다.

어릴 때부터 유년시절, 학생시절, 그리고 교사시절, 약사시절, 사회봉사단체장으로서의 봉사활동 등이 간명하게 정리되어 있어 한 편의 사소설을 읽는 재미를 얻을 수 있다.

그는 다음과 같이 결미를 짓고 있다.

나는 지금 반라의 몸으로 이 글을 쓰고 있다. 말라빠진 나목처럼 서 있는 것이 힘이 부치다. 나를 버리지 못한 탓일까.

나는 반평생을 가설극장에 서서 배경음악 없이 독백을 하고 있다. 미움과 욕심을 쏟아내고 있지만 그것은 가설에 불과한 것이지 정리(定理)가 될 수 없음을 글을 가까이 해서야 깨닫게 되었다.

지금 나는 다 비워내고 있다. 허허롭다. 아름다운 이 자유.

「가설무대에서 얻은 아름다운 자유」 중에서

이 글은 자유를 얻기 위한 자기 벗기기와 낮아짐이 그 주제임을 알 수 있다.

Ⅲ.

이상 그의 수필의 주제를 소재에 따라 몇 가지로 정리해 봤다. 그는 등단한 지 5년에 이른 작가로서 그간 많은 작품을 창작한 편은 아니다. 수필가로서보다 제주도의 손꼽히는 지성적 여류 명사로서 또 사회봉사 사업의 책임자로서 지역의 신문이나 잡지에 청탁받은 글들과 몇몇 문학지에 수시로 발표한 글들을 모은 것이다.

시대적 상황과 직업에 다른 소재 또는 가족과 자신의 생활 속에서 얻은 잔잔한 경이와 충격을 자연스럽게 고백했다. 특히 전후파 세대로서 그 시대상의 증언은 귀한 것이라 하겠다.

비교적 자기 위치의 현시나 강력한 주장이 아닌 일상 생활인으로서의 사물과 사건을 대하는 가치관과 인식이 자연스럽게 전개되어 그 품격의 고매한 향기를 느낄 수 있다. 수필이 자기를 벗기는 문학이면서 품위의 문학임을 제대로 느끼게 한다.

수필문학사 수필선집•296

가설무대에서 얻은 아름다운 자유

2008년 4월 15일 초판 인쇄
2008년 4월 20일 초판 발행

지은이 / 고앵자
발행인 / 강석호

발행처 / 도서출판 교음사
편집 / 隨筆文學社 出版部

110-775 서울 종로구 경운동 88 수운회관 1308호
Tel (02) 737-7081, 739-7879(Fax)
e-mail goessay@kornet.net

등록 / 제300-2007-52호

---

* 잘못된 책은 교환해 드립니다. 값 9,000원

ISBN 978-89-7814-468-1 03810